KB105223

조선의 딸,
총을 들다

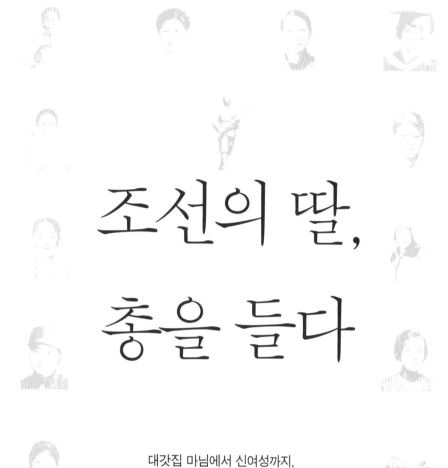

조선의 딸,

총을 들다

대갓집 마님에서 신여성까지,
일제와 맞서 싸운 24인의 여성 독립운동가 이야기

정운현 지음

인문서원

나라를 되찾는 일에 남녀가 따로 있나

한국 사회에서 여성은 소수이자 약자다. 인구의 절반이 여성이며 남성들의 어머니, 아내, 여동생은 전부 여성이다. 그럼에도 여성은 여전히 제 몫을 제대로 대접받지 못하고 있다. 소외당해오기는 독립운동사 학계도 마찬가지다. 그동안 나온 여성 독립운동가에 대한 연구 성과를 보면 알 수 있다. 여성 사학자 몇 사람이 불과 몇 편의 논문을 내고 뜻있는 몇몇이 여성 독립운동가 몇 사람의 평전이나 전기를 쓴 것이 고작이다.

광복 70년이 되도록 우리가 알고 있는 여성 독립운동가는 유관순 열사 한 분뿐이었다고 해도 과언이 아니다. 친일파는 '을사오적' 5명밖에 없는 것처럼 가르쳐온 것과 진배없다. 그나마 영화 「암살」(2015)에서 여성 독립군이자 저격수인 '안옥윤'이 등장하지 않았더라면 이 정도의 관심조차도 받지 못했을 것이 분명하다.

남자들은 뭔가를 하면 대개 전업이 된다. 그러나 여성은 그렇지 못하다. 직업은 직업대로 있으되 가사는 고스란히 남는다. 밖에서는 직업인이지만 집에 돌아오면 아내요, 엄마요, 주부의 자리가 기다리고 있다. 여성 독립운동가들의 삶도 그와 비슷했다. 이중고를 겪어야 했다는 얘기다. 게다가 '뒷바라지'는 티도 잘 나지 않는다. 밥하고 빨래하고 집안일 챙긴 것을 누가 독립운동으로 쳐주겠는가?

일제 강점기 35년 동안 시기별로, 분야별로 수많은 여성 항일투사들이 조국 광복을 위해 헌신했다. 정부로부터 포상을 받은 분은 불과 270명밖에 되지 않지만 이 숫자가 전부는 아니다. 아직 이름조차 밝혀내지 못한 분들도 있고, 공적을 제대로 확인하지 못한 분들도 있으며 이념문제로 인해 포상이 보류된 분들도 적지 않다. 혹자는 남성 독립유공자 수만큼 여성 독립운동가들이 나와야 마땅하다고 주장하기도 한다.

여성 독립운동가에 대한 연구와 고찰은 이제부터 시작이다. 생존자가 거의 없는 상황에서 증언을 듣기에는 이미 때가 늦었다. 우선 1차 자료를 찾고 유적지를 뒤지는 일이라도 서둘러야 한다. 기초자료가 수집되는 대로 서훈신청을 하여 공적을 제대로 평가받게 하는 일도 중요하다. 그런 연후에 기념사업과 현창사업도 병행해야 한다. 나라를 되찾는데 남녀가 따로 없었다면 역사적 평가와 기념사업에도 남녀가 따로 있을 수 없는 일이다. 이 책이 그런 노력의 계기를 마련하는 데 작은 밑거름이 되기를 바랄 뿐이다.

끝으로, 이 책은 다음카카오의 '스토리펀딩'으로 시작된 성과물임을 밝혀둔다. 독자들과 약속한 15회분을 연재한 후 9명을 더해 24명의 여성 독립운동가 일대기를 엮었다. 펀딩에 참가해주신 500여 네티즌 여러분께 진심으로 감사드린다. 그분들의 뜨거운 성원이 없었다면 이 책은 나오지 못했을 것이다. 아울러 자료조사에 도움을 주신 국가보훈처 공훈심사과 김정아 선생님과 책의 출간을 제안해주신 인문서원 양진호 대표께도 감사드린다.

2016년 2월

정운현

차례

여성 독립운동가, 누가 어떻게 싸웠나?

근래 들어 여성 독립운동가에 대한 관심이 고조되기 시작했다. 직접적인 계기는 2015년 여름 전국을 강타한 영화 「암살」이라고 할 수 있다. 주인공 중의 하나인 여자 독립군 안옥윤(전지현 분)의 활약상이 세인의 이목을 집중시켰다. 그는 여자의 몸으로 제 키만한 장총을 차고 조선 총독과 1급 친일파를 처단하기 위해 중국에서 조선 땅으로 건너왔다.

안옥윤이 죽음을 불사하고 적들에게 총을 난사하는 장면은 대단히 낯설었다. 여성 독립운동가라면 태극기 흔들며 '대한독립 만세!'를 외쳤던 소녀 유관순밖에 몰랐던 사람들에게는 큰 충격이었을 것이다. 안옥윤과 똑같지는 않지만 비슷한 활동을 한 여성 독립운동가는 여럿 있었다. 우리가 모르고 있을 뿐이다. 역사책도

언론도 여성 독립운동가라면 마르고 닳도록 '유관순' 하나만 부르짖는 까닭이다.

세계사를 통해 볼 때 외환(外患)이나 내란 등 국난을 당해 민중들이 자발적으로 나선 경우는 수도 없이 많다. 그들 대다수는 남성들이었지만 여성들이 동참한 경우도 더러 있었다. 조선시대 임진왜란 때 행주산성 전투에 여성들이 동참한 것이 좋은 예다.

구한말 국권이 기울자 곳곳에서 의병이 궐기하였다. 그들 가운데는 글 읽던 선비, 사냥하던 포수, 노비나 머슴, 심지어 여성도 포함돼 있었다. 이들은 오로지 나라와 백성을 지켜내겠다는 일념으로 구국(救國)의 대열에 나섰다. 1910년 나라가 망하자 이들 가운데 더러는 만주로 건너가 독립군이 되었으며, 나중에는 대한민국 임시정부의 군대인 광복군으로 활동하기도 했다.

남녀유별, 남존여비 등의 유교 사상이 지배하던 조선시대에는 여성들의 사회 활동이 극히 제한적이었다. 그러나 근대 개화기를 전후하여 남녀평등 사상이 도입되고 서양 문물이 도입되면서 기존 사회질서에도 변화가 생겨났다. 특히 서양의 근대식 교육 제도가 도입돼 여성들에게도 교육 기회가 주어지면서 여성들의 의식 변화와 함께 사회 진출도 기지개를 켜기 시작했다.

여성 항일투쟁사는 1919년 '3·1혁명'을 분수령으로 크게 세 시기로 나눌 수 있다. 첫째, 3·1혁명 이전 시기에는 전통적 여성상을 탈피하기 위한 계몽운동과 국채보상운동 참여, 그리고 극소수이긴 하나 의병투쟁 참여를 들 수 있다. 둘째, 3·1혁명기에는 여성의 항일투쟁이 본격적으로 전개되기 시작했다. 한 예로 충남 천안의 유관순과 함경북도 명천의 동풍신, 수원 기생 김향화 등은 만세 시위를 선도하였다.

셋째, 3·1혁명 이후에는 다양한 분야에서 다양한 형태의 여성 항일투쟁이 꽃을 피웠다. 학생은 학교에서 동맹휴학으로, 노동자는 공장에서 파업이나 노조 활동으로, 의열투쟁 조직에 몸담은 사람은 개별적 의거로, 또 광복군이나 조선의용대 등 군대 조직에 몸담은 사람은 첩보 활동, 훈련 등으로 항일투쟁 대열에 동참했다. 1927년 좌우로 나뉘어 있던 민족 진영이 '신간회' 결성으로 통합되자 여성계 역시 좌우 통합 단체인 '근우회'로 거듭났다.

근대 들어 여성의 봉건의식을 일깨운 것은 동학사상과 개화사상이라고 할 수 있다. 1860년대 초 동학의 '인내천(人乃天)' 사상은 민중 속으로 파고들기 시작했다. 갑신정변의 주역 가운데 하나인 박영효는 1884년 고종에게 올린 상소문을 통해 남녀동권론(男女同權論)을 주장했다. 여자도 6살이 되면 교육시킬 것, 축첩제 폐지, 과부의 재가 허용 등이 그것이다. 그러나 박영효의 주장은 당시 상황에서 실천되기는 어려웠다.

반면 동학 2대 교주 최시형의 '사인여천(事人如天)'은 울림이 컸다. 최시형은 "나는 비록 부인과 어린아이의 말이라도 배울 것은 배운다."며 여성과 아동의 인격존중관을 피력했다. 이는 종속적인 지위에 있던 여성들에게 주인의식을 불어넣어주었는데 종래의 가부장적 사회질서에서는 하나의 파격이었다. 이 같은 여론은 1894년 갑오개혁 때 마침내 결실을 맺었다. 과부의 재가 허용, 남녀 교육기회 균등화 등이 그것이다.

1880년대 들어 외국 선교사들의 방한으로 기독교 사상과 서구 문물의 도입은 촉매 역할을 하였다. 여기에다 독립협회 기관지 「독립신문」은 민권운동과 함께 남녀평등을 부르짖고 나섰다. 1905년 을사늑약 체결을 계기로 전국 각지에서 근대식 학교가 등장하면서 여성교육은 본격화되었고, 여성들의 의식도 비로소 눈을 뜨게 되었다. 이 시기부터 여성교육은 가정교육에 이어 항일 구국관을 심어주기 시작했다.

여성들이 본격적으로 항일 대열에 동참한 것은 1907년 대구에서 시작된 국채보상운동부터다. 대구에서 국채보상국민대회가 개최된 이틀 뒤인 1907년 2월 23일 대구 남일동에서 '패물폐지부인회(佩物廢止婦人會)'가 조직됐다. 이들은 다음과 같은 내용의 취지문을 발표하였다.

"나라 위하는 마음과 백성 된 도리에는 남녀의 차이가 없는 것인데 거국적인 운동에 부인 참여의 방법을 논하지 않았으나, 여자는 나라의 백성이 아니며 화육중일물(化育中一物)이 아닌가? 남자들은 단연(斷煙, 금연)으로 구국 대열에 참여하였는데 반해 우리 여자는 패물(佩物) 폐지로 참여하였다."

이후 전국 각지에서 이에 동참하는 여성단체가 조직되었다. 서울 부인감찬회(減餐會), 대안동 국채보상부인회, 인천 적성회(積誠會), 대구 국채보상탈환회(脫環會), 부산 좌천리부인회감선의연회, 삼화항(현 진남포) 패물폐지부인회, 창원항 국채보상부인회, 선천 의성회,

안악 국채보상탈환회, 안성 장기동부인모집소, 진주 애국부인회, 남양 의성회, 김포 국채보상의무소, 제주도 삼도리부인회 등이 그것이다. 감찬회(減餐會)는 반찬 가짓수를 줄여서, 탈환회(脫環會)는 금가락지를 빼서 그 돈으로 나라 빚을 갚자는 모임이다.

　많은 여성들이 아침저녁으로 반찬값을 줄이거나 애지중지해 온 패물을 내놓기도 했다. 또 가난한 과부나 노파는 품삯을, 혼례를 앞둔 처녀는 혼수감을 내놓기도 하고 어떤 여성은 자신의 머리칼을 잘라 팔아서 의연금을 내놓기도 했다. 당시 삼화항 패물폐지부인회 소속이었던 안중근 의사의 모친 조마리아 여사는 은가락지 2쌍, 은투호(노리개) 2개, 은장도 1개, 은귀이개 2개 등 총 10종에 넉 냥 닷 돈(20원 상당)을 쾌척했다.

　1895년 명성황후가 일본인들에게 시해를 당하자(이른바 을미사변) 전국에서 항일의병이 궐기했다. 의병 중에는 여성도 있었다. 강원도 춘천의 윤희순은 시아버지가 의병에 나서자 집안 살림을 맡아 챙기다가 급기야 의병 대열에 동참했다. 윤희순은 「안사람 의병가」 등 노래를 지어 주민들에게 의병들에게 식사를 제공토록 권하는 한편 의병들이 사용하는 화승총의 화약 조달에도 앞장섰다. 또 여성들로 구성된 여성의병단을 조직해 활동하기도 했는데 이는 우리나라 여군의 시초라고 할 수 있다.

　3·1혁명을 전후해 여성들의 항일투쟁은 본격화되었다. 1913년 평양 숭의여학교 교사 황에스더, 김경의, 박정석 등 3인이 중심이 돼 송죽회(일명 송죽결사대)를 조직했는데, 이 단체는 나중에 대한애국부인회로 계승, 발전되었다. 또 1919년 2월 일본 도쿄에서 도쿄유

학생들로 '학우회'가 결성되자 여자 유학생들은 '재동경조선여자친목회'를 별도로 조직해 활동하였다. 이들은 '2.8독립선언'에 필요한 자금을 조달하고 당일 행사에도 직접 참가하였다.

1919년 3·1혁명이 일어나자 여학생들을 중심으로 여성들도 대거 참가하였다. 선도적인 역할을 한 것은 이화학당 재학생과 졸업생들이었다. 서울에서의 만세 시위는 3월 5일 본격적으로 시작됐는데 신진심 등 이화학당 학생들이 참가했다가 일경에 체포되었다. 이밖에도 정신여학교, 경성여고, 진명여고, 숙명여고, 배화여고 학생들도 동참했다. 이들의 만세 시위는 이듬해 1920년에도 계속됐다.

지방도 예외가 아니었다. 우선 개성에서는 3월 3일 거사가 진행됐는데 어윤희, 권애라 등이 시위를 주도하다 일경에 검거됐다. 수원에서는 3월 29일 수원 기생조합의 기생 일동이 수원 자혜병원 앞에서 만세 시위를 벌였는데 주동자는 기생 김향화였다. 황해도 해주에서도 '애국기생'들이 4월 1일 만세 시위를 주도했는데 주동자 김해중월, 이벽도 등 8명은 해주 지방법원에서 재판을 받고 징역을 살았다.

충청도의 경우 4월 1일 천안 아우내 장터에서 이화학당 학생 유관순이 만세 시위를 이끌었다. 유관순은 이날 시위로 일경에 검거돼 서대문형무소에서 18살로 옥사했다. 기미년 만세 시위는 그야말로 전국적으로 전개됐다. 서울을 비롯해 경기도, 강원도, 경상도, 전라도는 물론 이북땅 황해도, 평안도, 함경도에서도 예외 없이 만세를 불렀다. 그리고 그들 가운데는 여성이 적지 않게 동참해 시위를 이끌었다. 3·1혁명은 여성들이 항일투쟁 대열에 나서게 된 직접적인 계기가 되었다.

국내는 물론 해외에서도 여성들이 항일투쟁을 벌였다. 일본의 경우 김정화, 나혜석 등이 주축이 돼 1914년 4월에 조직한 '조선여자친목회'가 그 시원이다. 1920년 1월에는 친목회 후신으로 '여자학흥회'가 조직되었는데 1920년대 들어 사회주의 바람으로 한때 휴면기를 거쳐 1927년 좌우합작 단체인 근우회가 결성되자 이곳으로 모두 흡수되었다.

중국의 경우 간도, 훈춘, 상해 등지에서, 그리고 노령(露領)의 신한촌 등에서도 여성 항일단체가 결성돼 활발하게 활동했다. 1919년 상해에서 임시정부가 수립되자 그해 10월 13일 김순애, 이화숙 등이 주축이 돼 '애국부인회'를 결성했다. 그러나 임시정부에서는 이들이 여성이라는 이유로 적극적인 투쟁 활동에는 참여시키지 않아 연락 및 선전 업무 등 주로 소극적인 분야에서 활동했다. 애국부인회 간부 가운데 상해에서 활동하던 저명한 독립운동가들의 부인이 적지 않았던 것도 한 요인인 듯하다.

미국에서는 1908년에 결성된 한인부인회가 모태가 되었다. 이어 각 지역에서 여성단체가 조직돼 활발한 활동을 하였는데 1919년 8월 '대한여자애국단'이, 재미유학생들을 중심으로 '근화회'(회장 김마리아)가 1928년 2월에 결성되었다. 하와이에서는 3월 대한부인구제회가 결성돼 임시정부에 후원금을 보내기도 했다. 1919년 3월에는 멕시코에서 대한부인애국회가 결성돼 활동했다.

3·1혁명을 계기로 여성들의 항일투쟁 참여는 다양한 분야에서

활발하게 전개됐다. 여학생들의 경우 동맹휴학, 백지동맹 등의 형식으로 일제의 식민지 교육에 저항하였으며, 윤희순 의병장, 남자현 의사, 이화림 의사, 조신성 의사, 안경신 의사 같은 분은 남성 못지않게 과감하게 무장·의열 투쟁에 나섰다. 특히 사회주의운동 계열의 인사 가운데 김알렉산드라는 일본군에 붙잡혀 처형되기도 했다.

더러는 대한민국 임시정부의 일원으로 임시정부의 안살림을 챙기고 남성 독립운동가들을 뒷바라지하거나 광복군이나 조선의용대에 들어가 대원으로 활동하기도 했다. 이밖에도 여성들은 각 분야에서 항일 활동을 전개했다. 강기룡, 이병화, 이효정 등은 노동 현장에서 일제의 부당한 노동정책에 항거해 투쟁을 벌였으며, 부춘화, 김옥련 등 제주도 해녀들도 일제와 맞서 싸웠다.

그러나 여성 독립운동가들은 남성 독립운동가들에 비해 두세 배의 고통을 감내해야만 했다. 가정에서는 며느리, 주부, 아내, 엄마로서 시부모 봉양, 자녀양육, 가사노동, 농사일과 경제활동, 남편이나 가족의 옥바라지 등을 감당해야만 했다. 항일투쟁에 직접 참여한 경우 전단 배포 등 선전 활동, 초모공작, 독립군 군복 및 화약 제조, 도피자 은닉, 군자금 모집, 비밀문서 및 군수품 운반, 비밀연락책 역할을 하기도 했다.

항일투쟁을 벌이다 일경에 체포돼 유죄 판결을 받고 징역을 산 여성 독립운동가들의 실태를 보여주는 귀중한 사료가 하나 있다. 박경목 서대문형무소 역사관 관장이 발표한 '일제 강점기 서대문형무소 여수감자 현황과 특징'(「한국근현대사연구」 2014년 봄호 제68집)에는 당시 서대문형무소에 수감돼 있던 여성 항일운동가들의 구체적인 실상이 잘 나타나 있다. 박 관장 논문 가운데 일부를 소개하면 다음과 같다.

> 1920년~1945년까지 서대문형무소에 수감되었던 여성 수감자들 가운데 수형기록카드가 남아 있는 181명의 인물들은 죄목이 치안유지법 위반(99명), 보안법 위반(48명), 출판법 위반(1명)이 148명으로 81.7%가 이른바 '정치범' 또는 '사상범'이었다. 그리고 다음으로 국가총동원법 위반이 17명 등이다. 치안유지법 위반 및 보안법 위반 등은 전부 항일독립운동으로 볼 수 있다.

여성 수감자들의 주요 활동 내용과 그에 따른 수감 시기 등을 분류하면 20여 개의 그룹으로 나누어 볼 수 있다. 우선 운동의 종류별로는 크게 만세운동, 흥사단, 근우회, 서울계 공산당 재건 및 이화여고보 맹휴, 조선공산당 재건 그룹 관련 노동운동·학생운동, 신사참배 거부, 국가총동원 거부, 공산주의 운동, 조선공산당·신간회 등으로 나눠볼 수 있다. 그밖에 무궁화 노래 전파, 천황 숭배 거부 등으로 붙잡혀오기도 했다.

서대문형무소에 수감되었던 여성들의 형량은 얼마나 됐을까? 수형기록카드가 남아 있는 181명 가운데 형량이 기록되어 있는 96명의 형량을 살펴보면 가장 많은 인원이 받은 형기는 징역 6개월형이고, 그 다음으로 2년형, 1년형의 순이다. 6개월형이 많이 있는 것은 남아 있는 수형기록카드 가운데 배화여학교 만세운동(24명)과 서울 시내 여학생 만세운동(17명)이 많은 수를 차지하고 있기 때문이다.

국가보훈처에 따르면, 2016년 1월 현재 정부로부터 훈·포상을 받은 전체 독립유공자는 1만 4,262명이다. 이 가운데 여성 독립유공자는 겨우 270명으로 전체의 2% 수준이다. 문제는 단순히 숫자가 적다는 것이 아니라 필수 인원이 상당수 빠져 있다는 것이다. 수형기록카드가 남아 있는 181명 가운데 정부로부터 독립운동 공훈을 인정받은 인물은 총 13명. 그나마 3·1운동 관련이 7명으로 절반을 넘는다.

같은 활동으로 수감되었음에도 어떤 인물은 공훈을 인정받았고, 어떤 인물은 받지 못했다. 노순경과 함께 3·1혁명에 참가한 세브란스 간호사 김순호·이신도, 이병희와 같은 사건으로 수감된 이옥란·최경창·홍종례, 이효정과 같은 사건으로 검거·수감된 강귀남·유해길, 근우회 활동으로 옥고를 치른 강정희·노함풍·유덕희 등 11명이 그런 경우에 해당한다.

또한 배화여학교 만세 시위에 참가했던 이수희·김경화를 비롯한 24명, 서울 시내 여학생 만세운동의 최복순을 비롯한 17명, 신사참배를 거부한 등대사 사건의 김성녀·서병인을 비롯한 11명, 의열단 활동을 한 최복동 등은 독립운동 활동상이 명백함에도 불구하고 단 한 사람도 공훈을 인정받지 못했다. 수형기록카드가 남아 있는 181명 가운데 공훈을 받지 못한 168명 모두를 공훈 대상 선상에서 검토해야 할 것이다.

수형기록카드가 보존되어 있는 인물들은 다행히 검토할 수 있는 대상이라도 되지만, 카드가 남아 있지 않은 대다수의 수감자들은 존재조차 찾기 힘들다. 노순경과 함께 3·1운동을 했던 박덕혜, 이재유와 함께 노동운동을 주도했던 유순희, 이종숙, 이종희 등등 셀 수 없이 많은 여성 독립운동가들이 묻혀 있다. 특히 사회주의 계열에서 활동했던 분들은 여전히 심사 대상에서 배제돼 있다.

단지 여성이라는 이유로, 또는 이념 문제로 일제하 항일투쟁 공적이 묻히거나 제대로 평가되지 못한다면 이는 온당한 일이라고 할 수 없다. 현행 관련법상으로 문제가 현격한 사람은 차치하고라도 할 수 있는 범위 내에서라도 최선을 다해야 할 것이다. 이제라도 관련 학계와 보훈당국이 적극적으로 여성 독립운동가들의 공적을 발굴하고 포상을 서둘러야 한다. 그리하여 그분들의 이름을 역사 속에 기록해야 한다.

1

고문으로 두 눈 먼
'대갓집 안주인'

한국 독립운동 명가의 잊혀진 주역 김락

　여성 독립운동가도 다양한 부류가 있다. 안경신, 남자현, 윤희순 같은 의열·무장투쟁가가 있는가 하면 유관순이나 동풍신처럼 3·1혁명 때 순국한 애국소녀도 있다. 또 노동운동가 강주룡, 여성 운동가 겸 교육자로 활동한 조신성, 임시정부에서 남성 독립운동가를 헌신적으로 뒷바라지한 조마리아나 정정화 같은 이도 있고, 오광심이나 박차정처럼 광복군이나 조선의용대에서 활약한 이들도 있다.

　여성들이 독립운동에 나서게 된 것은 신식교육을 받은 신여성들이 등장하면서부터다. 이들이 독립운동에 참가하게 된 직접적인 계기는 3·1혁명이었다. 1920년대 이후 여성들은 의열투쟁, 교육·문화·노동 심지어 사회주의운동으로까지 영역을 확대시켜나갔다.

이들 대부분은 신여성들이었다.

그럼, 유가(儒家)나 양반 가문의 안주인들은 어땠을까?

김락(金洛, 1862~1929). 낯선 이름의 이 여성이 양반 가문 안주인으로, 독립운동에 나선 여성이다.

김락은 1862년 경북 안동에서 태어났다. 부친은 빼어난 문장가에다 경상도 도사(都事)를 지낸 김진린(金鎭麟). 흔히 '도사댁'으로 불린 김락의 집안은 "사람 천 석, 글 천 석, 밥 천 석 '삼천 석 댁'"으로 불릴 정도로 남부러울 것이 없었다. 18살이 되자 김락은 안동시 도산면 진성 이씨 문중으로 시집을 갔다. 안동 부잣집 막내딸로 태어나 대갓집 며느리이자 안주인이 된 것이었다.

자결로 순국한 시아버지, 만주로 망명한 친정 식구

김락의 시아버지는 영남 유림의 거두 출신으로 양산군수와 공조참의(현 건교부 차관보)를 지낸 이만도(李晩燾)이며, 남편은 1919년 이른바 '파리장서(巴里長書) 사건'의 주모자 이중업(李中業)이었다. 학문이나 권세 면에서 시댁도 친정 못지않게 만만찮은 집안이었다. 김락은 이 집안의 맏며느리였다.

시집간 지 6년 만에 시어머니가 세상을 떠나자 김락은 두 아들에 이어 시동생과 시누이까지 돌봐야 했다. 그 무렵 시아버지 이만도가 의병장을 맡게 됐다. 1895년 을미사변 이듬해 1월 안동 예안에서 예안의병이 일어났는데 시아버지를 따라 시숙과 남편도

김락의 큰오빠 김대락이 1885년에 세운 '백하구려(白下舊廬)'. 이 집은 이 지역 최초의 근대식 학교인 협동학교로 쓰였다. 경상북도 안동시 소재.

가담하였다. 김락은 남정네들이 없는 집안을 챙기며 식솔들을 돌봤다.

1910년 8월 한일병탄으로 나라가 망하자 평화롭던 집안에 풍파가 일어났다. 시아버지 이만도가 "식민지 땅에서 무릎 꿇고 살 수 없다."며 단식에 들어갔다. 굶어 죽을 작정이었다. 1905년 을사늑약 이후 전국에서 60명 가까운 지사들이 자결로 일본에 항거했는데 그 가운데 안동 사람이 절대 다수였다. 이만도는 24일동안 곡기를 끊은 끝에 결국 순국했다.

시어른을 보내고 상복에 눈물자국이 채 마르기도 전에 이번에는 친정에서 충격적인 소식이 전해졌다. 큰오빠 김대락(金大洛)이 동생들과 조카들을 데리고 만주로 망명을 떠난 것이다. 큰언니 가족들도 따라 나섰다. 큰언니의 남편(큰형부)은 석주 이상룡(李相龍, 임

김락의 큰형부 석주 이상룡.

으로, 그는 고성 이씨 문중 30여 가구를 이끌고 만주로 떠났다.

　이들은 1910년 나라가 망하자 곧바로 만주 현지조사를 다녀와 망명 준비를 했다. 안동에서 출발한 이들은 김천까지 걸어가 거기서 기차를 타고 압록강을 건넜다. 이들은 서간도에서 경학사(耕學社)를 조직해 독립운동의 전초기지를 만들었는데 큰오빠 김대락과 큰형부 이상룡이 큰 역할을 했다.

　시댁 식구들이라고 가만있었겠는가. 남편 이중업은 1914년 안동과 봉화 장터에 유림들의 궐기를 촉구하는 격문인 '당교격서(唐橋檄書)'를 돌렸다. 1917년 그가 대한광복회 총사령 박상진(朴尙鎭)을 집에 숨겨준 인연으로 맏아들 동흠은 대한광복회에 가담해 군자금 모집 활동을 하였으며, 둘째 아들 종흠은 1925년 '제2차 유림단 의거'에 참여하였다. 두 아들 모두 나중에 일경에 붙잡혀가 고초를 겪었다.

1919년 3·1혁명 당시 서울에서 활동하던 남편은 '파리장서'라 불리는 독립청원서를 발의하고 강원도와 경북 지방 유림 대표의 서명을 받는 일을 맡았다. 1차 유림단 사건, 또는 파리장서 사건이라 불리는 이 일로 이중업은 투옥됐는데, 이듬해 11월에 동지들과 함께 독립청원서를 손문(孫文) 등 중국의 유력인사들에게 보내려고 시도하다 출국 직전 병으로 세상을 떠났다.

사위들도 예외가 아니었다. 학봉 김성일의 종손이기도 한 맏사위 김용환(金龍煥)은 만주 독립군 기지를 지원하던 의용단에 가담했다가 경찰에 붙잡혔다. 이후 김용환은 '조선 최대의 파락호' 소리를 들으며 노름꾼으로 위장해 엄청난 종가 재산을 독립운동에 바쳤다. 둘째 사위 류동저는 1920년 창립된 안동청년회에 참여하여 당시로선 엄청난 거금인 100원을 의연금으로 기부하였다.

___
일제의 고문으로 두 눈을 잃고

친정 식구들은 모두 만주로 떠나고 시아버지에 이어 남편까지 잃은 김락은 더 이상 기댈 곳이 없었다. 비탄에 빠진 그는 두 번이나 자살을 시도했으나 실패했다. 그런 그는 남편이 죽었을 때 시신조차 확인할 수 없었다. 왜냐하면 그때 이미 두 눈이 멀어 앞을 볼 수 없었기 때문이다.

김락은 어떻게 해서 두 눈이 멀었을까?

경북 안동에서의 만세 항쟁은 1919년 3월 17일 예안면에서 시작됐다. 예안 시위는 2차에 걸쳐 전개됐는데 3월 17일 1차 시위 때는 시위대가 면사무소 뒷산에 올라가 일본이 세운 어대전(御大典) 기념비를 쓰러뜨리고 시장에 모여 시위를 벌였다. 이날 시위 참가자 가운데 15명이 체포되자 시위대는 이들의 석방을 요구하며 주재소를 습격했는데 이 과정에서 다시 25명이 체포되었다.

2차 시위는 3월 22일 일어났다. 이날 오후 7시부터 2,000여 명의 시위 군중이 손에 손에 태극기를 들고 동부동과 서부동, 선성산 위에서 무리를 지어 만세를 부르기 시작했다. 그러나 일본 경찰의 발포로 13명이 부상을 입고 3명이 체포되었다.

당시 환갑을 코앞에 둔 57살의 김락도 예안 시위에 참가했다. 그는 다른 시위대들과 함께 시위를 벌이다 현장에서 체포되었다. 그리고 조사 과정에서 일경의 고문으로 두 눈을 잃게 된 것이다. 이런 사실은 80여 년이나 묻혀 있다가 2000년에야 비로소 세상에 알려졌다.

경북 지역 항일독립투쟁사 전문가인 김희곤 안동대 교수는 2000년 조선총독부 경북경찰부가 만든 고등계 형사 지침서인 「고등경찰요사(高等警察要史)」를 살펴보다 뒤통수를 얻어맞은 듯 큰 충격을 받았다.

"안동의 양반 고(故) 이중업의 처는 대정 18년(1919년) 소요 당

김락의 두 눈이 멀게 된 이유를 기록한 「고등경찰요사」. 회색으로 칠해진 부분이 해당 내용이다.

시 수비대에 끌려가 취조받은 결과 실명(失明)한 이래 11년 동안 고생한 끝에 소화 4년(1929년) 2월에 사망했기 때문에, 일본에 대해 밤낮으로 적개심을 잊을 수 없다는 뜻을 아들 이동흠이 스스로 고백하고 있다."

이 내용을 토대로 김 교수는 실명한 사람이 '김락'이라는 것을 밝혀냈다. 김 교수는 곧바로 국가보훈처에 김락의 서훈을 신청했고 이듬해 그에게 건국훈장 애족장이 추서되었다. 대갓집 안주인이 집안 살림만 한 것이 아니라 직접 만세 시위에 참가했다가 일경의 고문으로 두 눈까지 잃게 된 것이다.

김락은 10년을 맹인으로 고통받으며 살다가 1929년 2월 12일 67살로 한 많은 삶을 마감했다. 김락의 집안은 친정과 시댁을 합

김락의 묘소.

처 모두 26명의 독립유공자(건국훈장 서훈자 기준)를 배출했다. 대표적인 독립운동가 가문으로 꼽히는 안중근 가문보다 그 수가 많다.

의병항쟁의 첫걸음은 1894년 안동에서 시작되었는데 김락의 시댁 사랑방도 한몫을 했다. 이후 그가 세상을 떠난 1929년까지 35년 동안 이 집안은 온통 독립운동으로 해가 뜨고 날이 졌다. 그 한가운데 김락이 있었고, 그를 중심으로 3대에 걸친 독립운동사가 전개되었다. 그럼에도 불구하고 지금까지 김락은 역사 속에 파묻혀 지내왔다. 그를 처음 발굴해 훈장까지 안긴 김희곤 교수가 어느 글 말미에 쓴 대목을 인용해본다.

"3대에 걸쳐 독립운동가를 배출한 '한국독립운동사의 명가'를 이야기하면서도, 우리는 그 주역을 놓치고 지내왔다. 여자라는 이유 때문이라는 생각이 짙게 든다. 그러기에 글 한 줄 남아 있지 않고, 그를 기리는 이야기조차 없었다. 한국독립운동사에서 이런 여성이 전혀 없지는 않을 터이지만, 찬란한 인물들의 한복판에 서서 그것을 부여안고 지탱한 인물을 어디서 찾겠는가! 그러니 어떻게 그를 기리지 않을 수 있으랴!"

김락, 어찌 그를 기리지 않을 수 있으리오.

2

'이봉창·윤봉길 의거'의 은밀한 조력자

백범의 비서로, 조선의용대 대원으로 활약한 이화림

윤봉길 의사의 마지막 길, 그녀가 있었다

1932년 4월 29일은 일왕 히로히토의 생일인 천장절(天長節)이었다. 이날을 맞아 일제는 중국 상해 홍구 공원에서 상해 점령 전승 기념 축하행사를 대대적으로 열기로 계획돼 있었다. 이른 아침부터 말쑥하게 차려입은 일본인 남녀 수백 명이 줄을 지어 공원으로 들어섰다. 일본군이 삼엄한 경계와 검문을 하는 가운데 행렬 속에 조선인 청년 하나가 끼어 있었다. 상해 임시정부의 한인애국단 소속 윤봉길이었다.

이날 아침 김구 주석은 윤봉길의 손에 물병 폭탄과 도시락 폭탄을 쥐여주었다. 물병 폭탄은 일본군 수뇌 등 요인 처단용이고,

도시락 폭탄은 거사 후 자결용이었다. 헤어지면서 윤봉길은 자신이 차고 있던 새 손목시계를 풀어 김구 주석의 헌 시계와 바꿔 차면서 말했다.

"선생님! 제 시계는 1시간 후면 쓸모가 없습니다."

목이 멘 김구 주석이 윤봉길의 두 손을 굳게 잡으며 말했다.

"윤 동지! 훗날 지하에서 다시 만납시다!"

11시가 되자 중국 주둔 일본군 총사령관인 시라카와 요시노리(白川義則) 대장에 이어 상해 주재 외교관과 내빈들이 자리를 잡았다. 군악이 울려퍼지고 열병식이 이어졌다. 천장절 행사가 끝나자 외교관과 내빈은 돌아가고 일본인들만 남아 일본 상해교민회가 준비한 축하연을 열었다.

11시 50분. 일본 국가가 울려 퍼지는 순간이었다.

쾅!

천지를 진동시키는 폭음이 들렸다. 윤봉길이 던진 물통 폭탄이 단상에서 폭발한 것이다. 첫 폭탄이 멋지게 명중한 것을 확인한 윤봉길은 자결하기 위해 도시락 폭탄을 터뜨렸으나 이것은 불발이었다. 윤봉길은 현장에서 일본 헌병에 체포돼 어디론가 끌려갔으나 일단 거사는 대성공이었다.

이날 윤봉길 의사의 거사에는 숨겨진 동행이 한 명 있었다. 한인애국단의 여성대원 이화림(李華林, 1905~1999)이었다. 두 사람은 거사 며칠 전에도 현장답사차 함께 홍구 공원을 찾았었다. 이들은 일본인 부부로 가장하여 거사 장소인 이곳을 사전답사했다. 그러나 막상 거사 당일 이화림은 식장에 함께 들어가지 않고 공원 입구에 숨어서 윤 의사가 입장하는 것을 끝까지 지켜보았다.

이화림이 이날 윤봉길과 함께 공원에 들어가지 않은 것은 그럴 만한 사정이 있었다. 이화림은 중국어는 능통했지만 일본어는 서툴렀다. 그런 사실을 알게 된 김구 주석이 동행을 말린 것이었다. 혹시라도 검문 때 서툰 일본어 때문에 신분이 들통나서 중대한 거사를 망칠지도 모른다고 우려했기 때문이었다.

한 땀 한 땀, 이봉창 의사의 폭탄 주머니를 밤새워 만들다

이화림은 윤봉길 의거에 앞서 그해 1월 이봉창 의사의 일왕 암살 시도 의거 때도 직간접적으로 도움을 주었다. 당시 거사 준비를 마친 이봉창에게는 고민이 있었다. 준비한 폭탄을 어떻게 일본까지 무사히 숨겨 가지고 갈 것인가가 큰 문제였던 것이다. 백범과 이 문제를 논의하던 이봉창의 머릿속에 문득 아이디어가 하나 떠올랐다.

"선생님! 폭탄을 제 바짓가랑이 속주머니에 넣고 꿰매는 것이 어떻겠습니까?"

그러면서 이봉창은 손으로 자신의 아랫도리를 가리켰다.

"그거 참 좋은 생각일세! 그렇게 하면 감쪽같이 숨길 수 있겠구먼!"

백범은 좋은 생각이라며 맞장구를 치고는 곁에 있던 이화림을 쳐다보았다. 이화림은 아랫도리를 가리킨 이봉창의 손을 보고서

백범 김구가 이끈 한인애국단 소속 이봉창 의사(왼쪽)와 윤봉길 의사. 이들의 가슴 벅찬 의거 뒤에 이화림이라는 여성 독립운동가의 숨은 도움이 있었음은 많이 알려져 있지 않다.

부끄러워 얼굴을 붉힌 채 고개를 떨구었다. 그런 이화림을 향해 백범이 웃으면서 말했다.

"동해(이화림의 상해 시절 가명)야! 부끄러워하지 마라. 혁명 활동을 하는데 부끄러워하면 안 된다. 어떤 때는 이보다 더 부끄러워도 해야 될 때가 있다. 네가 이봉창 동지에게 주머니를 만들어주기 바란다."

그날 밤 이화림은 귀가길에 비단 천조각을 사서 밤을 새워 폭탄용 바짓가랑이 주머니를 만들었다. 이튿날 백범도, 이봉창도 모두 잘 만들었다며 치하를 했다. 이봉창은 이화림이 만들어준 주머니에 폭탄을 넣어 무사히 일본으로 건너갔다.

위의 두 가지 일화는 2015년 봄에 국내에 번역 출간된 『이화림 회고록』에 나오는 이야기다. 그런데 평전이 출간되기 전까지는

'이화림'이라는 이름 석 자는 국내에 전혀 알려지지 않았다. 놀라운 일이다. 이봉창, 윤봉길 의사의 걸출한 의거에 조력자로 큰 활약을 했던 그녀가 왜 역사에서 이토록 깨끗이 지워져버렸을까?

을사늑약이 체결되던 해인 1905년 평양에서 태어난 이화림은 두 오빠를 따라 1919년 3·1혁명에 참가했다. 1927년 조선공산당에 입당해 학생운동을 전개하던 이화림은 이듬해 조선공산당이 해산되고 국내에서의 항일투쟁이 어려워지자 1930년 상해로 망명했다.

그곳에서 한글학자 출신의 항일운동가 김두봉(金枓奉)의 소개로 임시정부의 김구 주석을 만났다. 이화림은 백범이 이끄는 임시정부 산하 의열투쟁 조직인 한인애국단에 가입했으며, 여기서 이봉창·윤봉길 의사 의거에 조력자로 참여하게 됐다.

윤봉길 의거 후 일제의 탄압이 심해지자 김구 등 임시정부 요인들은 상해를 떠나 가흥(嘉興) 방면으로 피난길에 올랐다. 그때 이화림은 그들과 동행하지 않고 조선독립과 혁명을 꿈꾸는 젊은 청년들이 운집한 광주(廣州)로 향했다. 그곳에서 동지의 소개로 중산대학 의학원 부속병원에서 견습 간호사로 일하던 이화림은 조선민족혁명당 윤세주(尹世冑)의 연설을 듣고 큰 감명을 받았다.

의열단원 출신인 윤세주는 1937년 약산 김원봉(金元鳳)과 함께 조선민족혁명당을 조직하여 중앙위원 겸 선전부장으로 활동하였으며, 그해 김원봉과 조선의용대를 편성하여 항일전투를 전개하였다. 조선민족혁명당에 관심을 갖게 된 이화림은 이후 남경(南京)으로 가 조선민족혁명당 부녀국에서 의열단장 김원봉의 부인이기도

1938년 중경 시절의 이화림.

한 박차정 등과 함께 선전활동을 맡았다. 이 과정에서 이화림은 "큰 혁명을 위해서는 작은 가정의 포기는 어쩔 수 없다."며 남편과 이혼하였다. 당시 그의 남편 김창국(金昌國)은 중산대학 유학생이었다. 두 사람은 그가 가정 생활을 꾸리면서 독립운동에 참여하는 문제를 두고 의견다툼이 잦았다.

1938년 10월 김원봉을 대장으로 조선의용대가 결성되자 이화림은 이에 참여해 부녀대 부대장을 맡았다. 1942년 5월 중국 팔로군과 조선의용대(나중에 조선의용군으로 개칭)가 일본군과 태항산(太行山)에서 치열한 전투를 벌였는데 이화림도 이 전투에 참가하였다. 당시 여성대원들은 전투와 선전활동을 물론 남성대원들의 식사 준비까지 도맡았다.

그해 혹독한 가뭄으로 극심한 식량난을 겪었는데 특히나 산중에서 소금이 귀해 염기성이 많은 돌을 갈아 산채에 비벼먹었다. 산채라고 해야 산에서 나는 돌미나리가 고작이었다. 매일같이 산

조선의용대의 여전사들.

에서 돌미나리를 캘 때면 그는 자신도 모르게 어릴 적 부르던 '도라지타령'이 생각나 '미나리타령'으로 가사를 바꿔 부르곤 했다.

>미나리, 미나리, 돌미나리
>태항산 골짜기에 돌미나리
>한두 뿌리만 캐어도
>광주리에 가득 차누나······.

1943년 12월 조선의용군이 중국 공산당의 결정에 따라 연안(延安)으로 이동함에 따라 이화림도 짐을 꾸렸다. 이곳에서 조선의용군총부 대장 무정(武亭) 장군의 주선으로 연안중국의과대학에 진학해 의학을 공부하다 꿈에도 그리던 해방을 맞았다.

이후 중국에 눌러앉게 된 이화림은 1966년 문화대혁명 때 곤욕을 치렀으나 후일 명예를 회복했다. 의료기관 등에서 간부를 지낸 그는 1984년 퇴직한 후 생활비를 아껴 모은 돈 가운데 2만 위안은 국가에 헌납하였으며, 1만 2,000위안은 연변(延邊)조선족 자치주의 연변아동문학상기금회에 기부하였다. 그는 만년을 보낸 대련(大連)에서 1999년 2월 95살로 삶을 마감했다.

『백범일지』에서 지워진 백범의 비서

임시정부 시절 이화림은 백범을 모시면서 비서 노릇을 했다. 그러나 임시정부나 독립운동사 관련 기록 그 어디에도 이화림의 이름은 나오지 않는다. 백범이 쓴 『백범일지』에는 수많은 사람이 실명으로 등장한다. 심지어 인천감옥 시절 감옥에서 만난 죄수 이름까지도 나온다. 그럼에도 불구하고 『백범일지』에는 '이화림' 석 자가 없다. 왜일까? 일화 한 토막을 보면 금방 이해가 간다.

1938년 봄 이화림은 중경(重慶)에서 의료 활동을 하다 백범을 만났다. 당시 백범의 모친(곽낙원)이 병환 중이었다. 얼마 뒤 모친이 돌아가시자 장례를 치른 후 백범이 이화림을 만나 옛날 얘기 끝에 대뜸 이렇게 물었다.

"동해야! 너 아직도 공산주의자냐? 공산주의를 믿느냐?"
"저는 공산주의를 믿습니다. 저는 공산주의자입니다!"
"그럼 우리 앞으로 다시는 만나지 말자꾸나!"

백범은 이화림이 공산주의자라는 사실을 재확인하고는 단호히 연을 끊었다. 이런 일이 있은 후로 두 사람은 중경에 머무는 동안에도 다시는 만나지 않았다. 공산주의를 극도로 혐오했던 백범이 공산주의자인 이화림을 만나지 않기로 한 것은 그럴 수도 있다고 본다. 그러나 오랜 시간 동안 임시정부에서 동지로 생사고락을 함께했던 이화림을 『백범일지』에서 한마디 언급조차 하지 않은 것은 납득하기 어렵다. 어쩌면 이 때문에 '이화림'이라는 이름 석 자는 광복 70주년이 되도록 우리 역사에서 묻히고 잊혀왔는지도 모른다.

『이화림 회고록』을 번역 출간한 박경철(충남연구원) 박사는 그의 삶을 두고 "우리 독립운동사의 대하드라마이자 아프고 굴곡진 우리 근현대사의 아리랑"이라고 표현했다. 조금도 과장된 표현이 아니다. 상해 임시정부에서 김구 주석의 비서를 지냈고, 이봉창·윤봉길 의사의 의거를 도왔으며, 조선의용대 여성대원으로 항일무장 투쟁에도 나섰던 이화림. 그는 불굴의 여성 혁명가요, 숭고한 여성 항일투사였다. 대한민국 정부가 그의 영전에 건국훈장을 바칠 날은 언제일까?

3

'여자 안중근', 일제를 저격하다

독립 호소 위해 무명지 자르고 조선 총독 암살에 가담한 남자현

아무리 100세 시대라지만 요즘 세상에도 여자 나이 예순 하나는 적은 나이가 아니다. 며느리 맞아들이고 손자 재롱이나 보며 즐거워할 할머니 나이다. 그런데 그 나이에 총을 든 여인이 있다. 조선 총독을 처단하려다 실패하자 이번에는 일본의 고관을 제거하려고 나선 것이다. 여인은 의병 나갔다 전사한 남편의 원수를 갚기 위해 남편이 남긴 피 묻은 옷을 늘 껴입고 다녔다. 역사는 그를 '여자 안중근'이라 부른다.

2015년 여름, 한 편의 영화가 온 나라를 떠들썩하게 했다. 영화 「암살」이 그것이다. '광복 70주년'이라는 시의성도 작용했지만 영화 자체로도 충분히 화제가 될 만했다. 특히 여자 독립군 안옥윤(전지현 분)의 활약은 단연 주목을 끌었다. 설마 여자가 총을 들고 독

립운동을 했을까, 많은 사람들이 반신반의했다. 그러나 '안옥윤'은 우리 독립투쟁사에 실제로 있었다. 그 모델이 바로 '여자 안중근'이라 불린 남자현(南慈賢, 1872~1933)이다.

총독 암살 미수 사건

누구나 그렇듯이 남자현도 처음부터 투사였던 건 아니었다. 1872년 안동에서 영남의 전통 유생인 남정한의 막내딸로 태어난 남자현은 공부도 제대로 한 양반집 규수였다. 열아홉에 부친의 문하생이었던 김영주와 혼인하여 경북 영양으로 시집을 갔다. 1895년에 이른바 '을미사변'으로 명성황후가 살해되자 전국에서 의병이 일어났을 때, 남편 김영주도 "나라가 망해가는데 어찌 집에 홀로 있을 것인가. 지하에서 다시 보자."며 영양 의병부대에 가담했다가 이듬해에 진보면 홍구동 전투에서 전사했다.

남편의 죽음은 남자현의 인생을 송두리째 뒤바꾸어놓았다. 졸지에 남편을 잃고 청상과부가 된 남자현은 3대 독자인 유복자 성삼을 키우며 누에를 치고 명주를 짜 내다 팔아 시부모를 봉양하여 효부상을 받기도 했다. 1905년 을사늑약이 강제로 체결된 이후 부친 남정한이 의병 부대를 조직하자 부친을 돕기로 하고 의병 모집과 일본군 동태 파악 및 정보수집 활동에 나섰다. 46살 때인 1918년 서울로 올라온 남자현은 이듬해 3·1혁명이 일어나자 이에 가담해 독립선언서를 배부하였다.

'여자 안중근'으로 불린 남자현.

3·1혁명 당시 일제의 무자비한 탄압을 두 눈으로 똑똑히 지켜본 남자현은 중대한 결심을 하게 된다. 만세항쟁 같은 소극적인 방식으로는 결코 독립을 쟁취할 수 없다고 판단하게 된 것이다. 특히 남편의 원수를 갚기 위해서는 무장항쟁의 필요성을 절감한 남자현은 1919년에 아들을 데리고 중국 요령성 통화현으로 망명했다. 남자현이 가입한 독립군 단체는 서로군정서(西路軍政署)였다. 이곳에서 독립군 뒷바라지를 하면서 아들 김성삼은 신흥무관학교에 입학시켜 독립군 교육을 시켰다. 또 조선인 거주 농촌 지역을 돌며 12개의 교회를 세우고 여자교육회를 설립해 여성계몽과 민족의식 고취에도 앞장섰다.

만주로 망명한 지 7년째인 1926년 4월, 남자현은 난생처음으로 '거사'에 나서게 됐다. 처단 대상은 초대 조선 총독인 사이토 마코

남자현의 의거 목표물이었던 사이토 마코토.

토(齋藤實). 해군대장 출신으로, 1919년에 이어 두 번씩이나 조선 총독을 지낸 인물이었다. 그는 이른바 '문화통치'를 표방하였으나 실제로는 무단통치를 능가하는 악랄한 식민통치를 폈다. 남자현은 남편과 함께 의병 활동을 했던 채찬, 박청산 등과 함께 사이토를 처단하기로 결의하고 두만강을 건넜다.

때마침 절호의 기회가 찾아왔다. 1926년 4월 26일, 조선의 마지막 황제 순종이 창덕궁에서 승하한 것이다. 사이토를 비롯한 총독부 고관들이 조문을 하기 위해 빈소가 차려진 창덕궁을 찾아올 것이 분명했다. 세 사람은 서울 혜화동 28번지 고(高)씨 집에 숨어서 기회를 노렸다. 이틀 뒤인 4월 28일, 이들은 거사 장소인 창덕궁 주변 탐문에 나섰다가 일본 경찰들의 다급한 군홧발 소리와 호루라기 소리를 들었다. 창덕궁 주변에서 뭔가 큰일이 터진 것이 분명했다.

뜻밖에도 이들 말고도 사이토의 목숨을 노린 인물이 또 있었다. 송학선(宋學先) 의사였다. 송학선은 사진관에서 일하면서 입수한 양식칼을 품에 넣고 과자행상을 가장해 창덕궁 앞에서 사이토를 노렸다. 4월 28일 오후 1시 30분경, 일본인이 탄 자동차가 금호문으로 들어오자 송학선은 비호같이 자동차에 뛰어올라 이들을 찔렀다. 이른바 '금호문 사건'이었다. 그러나 아쉽게도 그가 찌른 일본인은 사이토가 아니라 경성부회 평의원(현 서울시 의원)들이었다. 이 사건으로 인해 총독 경호가 강화되자 남자현 일행은 어쩔 수 없이 거사를 포기하고 만주로 되돌아갔다.

———
아들아, 무명지 두 마디와 이별하려 한다

1931년 일제는 만주사변을 일으켜 대륙 침략의 마수를 뻗쳤다. 그러자 국제연맹은 국제적 비난 여론에 못 이겨 이듬해 9월에 조사단(단장 리튼)을 하얼빈에 파견해 진상조사에 나섰다. 남자현은 조사단에게 우리의 독립 의지를 전하기 위해 자신의 왼손 무명지 두 마디를 잘랐다. '조선은 독립을 원한다(朝鮮獨立願)'라고 혈서를 쓴 후 하얀 손수건에 자른 손가락을 함께 싸서 리튼 조사단에 보냈다. 독립 의지를 담아 손가락을 자른 사람은 안중근에 이어 남자현이 두 번째다. 그때의 심경을 아들 김성삼에게 보낸 편지에서 이렇게 적었다.

"사랑하는 나의 아들아, 오늘 왼쪽 무명지 두 마디와 이별하려고 한다. 어쩌면 내 손을 채웠던 이 작은 것이 나라를 위해 큰일을 할 수도 있겠다 싶구나. …… 지금 내게 두려운 것은 아무것도 없다. 나라를 잃고 남편을 잃고, 더 이상 잃을 것이 무엇이 있겠느냐? 양반가의 할머니가 독립운동을 한다니 일견 우습게도 들릴 일이지만 현실은 그런 모양을 가릴 때가 아니다. 이 늙어가는 육신의 일부라도 흔쾌히 끊어 절규를 내놓아야 할 때도 있는 것이 아니냐? 이제 칼을 들었다."

1926년 사이토 처단 거사는 실패했지만 7년 뒤, 기회는 다시 찾아왔다. 1933년 봄이었다. 일본 관동군이 세운 괴뢰정부 만주국 건국기념일(3월 1일)을 맞아 관동군사령관 겸 일본 전권대사 무토 노부요시(武藤信義) 육군대장이 신경(新京, 오늘날 장춘)에서 열리는 건국절 행사에 참석키로 돼 있었다. 그해 1월 초에 정보를 입수한 남자현은 무토를 처단하기로 결심하고는 이렇게 말했다.

"이 일은 내가 처리한다. 나는 이제 죽어도 아무런 여한이 없는 나이이니 두려움이 없다. 노부유시를 처단한 뒤 내 몸을 하얼빈 허공에 어육으로 날리리라."

3월 1일 거사에 앞서 남자현은 거사에 사용할 권총 1정과 탄환, 폭탄 등을 준비했다. 2월 29일 남자현은 신경으로 가기 위해 길림에서 하얼빈으로 왔다. 중국인 걸인 노파로 변장하였다. 사전에 약속이 된 중국인으로부터 권총과 폭탄이 든 과일상자를 건네받기로 돼 있었다. 권총과 폭탄을 건네받아 하얼빈 역으로 가던 중 하얼빈 교외 정양가(正陽街)에서 돌연 한 무리의 일경이 급습했다. 조선인 밀정의 밀고로 일경이 남자현의 뒤를 밟았던 것이다. 일경이 붙잡아 몸수색을 해보니 그는 남편이 전사할 때 입고 있었던 피 묻은 의병 군복을 옷 속에 꺼입고 있었다. 일본 관동군 사령관을 처단하기 위해 몸에 권총과 폭탄을 숨기고 있던 남자현. 그때 나이 61살이었다.

현장에서 체포된 남자현은 하얼빈 주재 일본영사관 감옥으로 끌려갔다. 혹독한 고문을 당하면서 감옥에서 6개월을 보냈다. 8월 8일부터 옥중에서 단식투쟁을 벌였는데 단식 9일 만에 인사불성 상태가 되자 일경은 17일 보석으로 풀어주었다. 적십자병원을 거쳐 여관에서 몸을 추스르던 남자현은 출옥한 지 닷새 만인 22일 낮 12시 30분쯤, 조선여관에서 조용히 숨을 거두었다.

20년 간 만주 일대를 누비며 항일투쟁을 전개했던 남자현은 그렇게 파란만장한 삶을 마감했다. 장례는 이튿날인 23일 치러졌으며 유해는 하얼빈 남강 외국인 묘지에 안장됐다. 하얼빈 사회의 중국인 지사들은 그를 '독립군의 어머니'라고 불렀다. 우리 정부는 1962년 건국훈장 대통령장을 추서하고, 1967년에 국립묘지로 이장했다.

아직도 떠도는 아낙의 무명지

임종이 임박했을 때 남자현은 아들 김성삼과 맏손자 김시련에

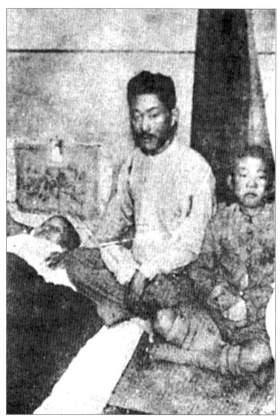

보석으로 출옥해 여관에 머물 당시 남자현을 돌보고 있는 아들과 손자. 남자현의 유언을 듣고, 그대로 따랐다.

게 감춰뒀던 행낭을 가져오라고 했다. 행낭 안에는 중국화폐로 249원 50전이 들어 있었다. 그는 이 돈 가운데 200원은 조선이 독립하는 날 정부에 독립축하금으로 바치고 나머지 49원 80전의 절반은 손자의 대학 학자금으로 쓰고, 나머지 절반은 친정에 있는 종손을 찾아서 공부를 시키라고 했다. 김성삼은 어머니의 유언대로 해방 이듬해인 1946년 3·1절 기념식 때 김구, 이승만 등이 참

남자현의 부음을 전한 「조선중앙일보」
1933년 8월 27일자 기사.

석한 기념식장에서 200원을 독립축하금으로 전달했다. 아버지와
함께 할머니의 임종을 지켰던 손자 김시련이 전한 남자현의 유언
은 다음과 같다.

　"사람이 죽고 사는 것은 먹는 데 있는 것이 아니고 정신에 있
　다. 독립은 정신으로 이루어지느니라."

　이 글에서 세세히 다루지는 않았지만 남자현의 항일투쟁 활동
은 참으로 다양했다. 두 차례에 걸친 적 수뇌 처단 시도는 물론이
요, 1927년 나석주 의사 추도회 때 안창호 선생 등이 일경에 체포
되자 애국지사들이 석방될 때까지 옥바라지를 하였으며, 1931년
9월 일송 김동삼 선생이 체포되자 구출 작전을 시도하기도 했다.

또 만주에서 독립운동단체 사이에 통합군단 출범을 놓고 갈등과 대립을 벌이자 혈서를 써서 단결을 호소하기도 했다. 우리 독립투쟁사에서 연약한 여자의 몸으로 근 30년이나 의열 투쟁을 벌인 사람은 남자현이 유일하다. 시인 고정희는 '남자현의 무명지'라는 시로 그를 기렸다.

남자현의 무명지

구한말의 여자가 다 이리 잠들었을진대
동포여, 무엇이 그리 바쁘뇨
황망한 발길을 잠시 멈추시고
만주벌에 떠도는 남자현의 혼백 앞에
자유세상 밝히는 분향을 올리시라
그때 그대는 보게 되리라
'대한여자독립원'이라 쓴
아낙의 혈서와 무명지를 보게 되리라

경북 안동 출신 남자현,
열아홉에 유생 김영주와 혼인하여
안동땅에 자자한
효부 열녀 쇠사슬에 찬물을 끼얹고
여필종부 오랏줄을 싹둑 끊으니
서로군정독립단 일원이니라

북만주벌 열두 곳에 해방의 터를 닦아

여성 개화 신천지 씨앗을 뿌리며

국경선 안과 밖을 십여 성상 누비다가

난공불락, 왜세의 도마 위에

섬섬옥수 열 손가락 얹어놓고 하는 말

천지신명 듣거든 사람세상 발원이요

탄압의 말뚝에 국적 따로 있으리까

조선여자 무명지 단칼에 내리치니

피로 받아 쓴 대한여자독립원

아직도 떠도는 아낙의 무명지

4

여섯 번의
국경의 밤

자금 조달에서 살림까지, 임정의 전천후 안주인 정정화

"남편을 떠나보낸 내 나이 이제 20살. 이 모든 아픔을 뒤로 하고 나는 달린다. 도피도 아니고 안주도 아니다. 또 다른 비바람을 맞기 위해 스스로 떠나는 길이다."

_ 정정화,『장강일기』

1920년 1월 초순 남대문역(오늘날 서울역).

20살의 가냘픈 여인 하나가 매서운 겨울바람을 맞으며 의주행 열차를 초조하게 기다리고 있었다. 목적지는 중국 상해. 여인은 두어 달 전인 1919년 10월에 중국으로 망명한 시아버지와 남편을 찾아가는 길이었다.

출발에 앞서 기차가 앞뒤로 세차게 요동을 치자 무의식중에 허

리춤으로 손이 갔다. 전대(纏帶, 돈주머니)가 무사한 것을 거듭 확인한
뒤에야 안심이 되었다. 기차가 수색, 화전, 능곡을 거쳐 일산역을
지나서야 그는 자신이 경의선 열차에 몸을 실었음을 실감했다. 초
행길인 상해까지 무사히 갈 수 있을까? 가슴이 두근거렸다.

여인의 이름은 정정화(鄭靖和, 1900~1991).

임시정부 시절 일제의 철통 같은 감시를 뚫고 무려 여섯 번이
나 국경을 넘나들며 독립운동 자금을 모으고 운반하는 밀사로 맹
활약했던 여성 독립투사였다. 언론인 우승규(禹昇奎)는 '한국의 잔
다르크'라고 칭송했고 상해 임정 요인들은 그를 '임정의 어머니',
'임정의 안주인', 또는 외아들 김자동의 이름을 따서 '자동이 엄
마'라고 불렀다.

여섯 번이나 국경을 넘나든 임정의 밀사

대갓집 맏며느리인 정정화가 독립운동에 뛰어든 것은 순전히
집안어른들 때문이었다. 그의 시아버지는 대한제국 고관 출신인
동농(東農) 김가진(金嘉鎭). 서자 출신으로 뒤늦게 벼슬길에 나선 김
가진은 이조참판, 병조참판, 공조판서를 거쳐 1894년 갑오경장의
주역으로 각종 개혁을 추진했다.

대한제국에서 농상공부 대신, 중추원 부의장, 충남관찰사를 거
쳐 1907년 11월 규장각 제학을 끝으로 관직에서 물러난 김가진은
남궁억, 장지연, 권동진, 오세창 등과 함께 대한협회를 조직해 2대

회장에 취임했다. 1910년 한일병탄 후 일제는 왕족은 물론 대한제
국의 고관 출신들에게 작위를 주었는데 김가진 역시 이때 본의
아니게 남작 작위를 받았다.

그러나 김가진은 1919년 3·1혁명을 계기로 결성된 대동단(大同
團) 총재를 지내면서 항일 대열에 몸담았다. 대동단은 봉건적 사회
지배 질서를 타파하고, 근대적 민주 사회를 지향했다. 김가진은
1919년 10월 장남 김의한(金毅漢)과 함께 상해로 망명, 임시정부 요
인들의 열렬한 환영을 받고 고문으로 추대되었다. 대신을 지낸 그
가 임정에 참여한 것은 상징적 의미가 매우 컸다. 일제가 커다란
충격을 받은 것은 물론이었다.

집안의 두 기둥인 시아버지와 남편의 갑작스런 망명으로 집안

은 텅 빈 듯했다. 시어머니를 모시고 집안을 챙기던 정정화는 문득 뭔가 내 길을 찾아야겠다는 생각이 들었다. 그 무렵 '대동단 사건'으로 구속된 친정 큰오빠 옥바라지를 위해 상경해 서울 친척집에 머물고 있던 친정아버지를 찾아갔다.

"아버님, 제가 상해에 가서 시아버님을 모시면 어떨까요? 시댁에 남아 있는 것보다는 시아버님 곁에서 시중을 들어드리는 것이 나을 것 같아요."

마음속으로 이미 상해행을 결심한 상태였다. 딸의 결심이 굳은 것을 알아차린 친정아버지 정주영(鄭周永)은 시아버님께 전해드리라며 거금 800원을 선뜻 내주었다. 이리하여 20살의 나이에 시아버지와 남편이 망명한 중국 상해를 향해 먼 길을 떠난 정정화는 해방 때까지 오롯이 조국 독립을 위해 몸 바쳤다.

의주에서 국경을 넘어 봉천-산해관-천진-남경을 거쳐 근 열흘 만인 1월 중순, 정정화는 꿈에도 그리던 상해에 도착했다. 당시 일흔 넷이었던 김가진은 뜻하지 않은 며느리의 방문에 어린아이처럼 천진난만하게 기뻐했다. 당시 임시정부 요인들의 생활이 대개 그러했듯이 김가진 부자의 생활도 말이 아니었다. 국내에서의 기대와는 달리 임시정부는 재정 상황이나 활동 여건이 그리 좋지 않았다.

정정화가 상해로 건너온 지 달포 남짓 지나서였다. 임정의 재정 문제를 해결하기 위해 국내에 들어가서 돈을 좀 구해오면 어떨까 하는 생각이 들었다. 임정 식구들의 부엌 살림을 책임진 몸으로서 불을 지피고 물을 끓이고 명색이나마 밥상에 올릴 식량이 있어야

만 했다. 머리를 내밀고 팔다리라도 내놓을 만한 누더기 한 자락 없는 처지였다. 정정화는 시아버지와 절친한 사이인 임시정부 법무총장 신규식(申圭植)을 찾아갔다.

"엉뚱한 소견인지는 모르겠습니다만, 제가 친정에 가서 돈을 좀 얻어와볼까 하는데요."

신규식은 잠시 머뭇거렸다. 너 나 할 것 없이 다 겪고 있는, 그러나 좀처럼 입 밖에 내기 어려운 얘기를 꺼낸 것이 그리 자랑스러운 일이 아니었기 때문이었다. 신규식은 정정화의 제안에 된다 안 된다 잘라 말하지 않고는 걱정스러운 듯이 얘기를 꺼냈다.

"부인, 지금 국내는 사지(死地)나 다름없습니다. 특히 동농 선생의 일로 해서 시댁은 왜놈들의 눈총을 받고 있지 않습니까? 물론 조심해서 처신하겠지만 무턱대고 들어갔다가 만에 하나 왜놈에게 발각이라도 되는 날이면 다시는 못 나오는 것은 고사하고 큰 고초를 겪게 될 것입니다."

신규식의 말을 듣는 순간 정정화는 가슴이 미어졌다. 차라리 안 된다고 딱 잘라 말을 했더라면 그토록 마음이 쓰리지는 않았을 것이다. 한마디로 불감청 고소원(不敢請 固所願)이었다. 누군가 나서서 그런 일을 해주기를 바라고 있었으나 감히 누구도 그런 얘기를 입 밖에 내지 못하고 있었다. 결국 정정화가 나서기로 했다.

당초 친정에 가서 돈을 좀 얻어오려고 했던 정정화의 '사사로운 계획'은 임시정부 법무총장 신규식의 지시에 따른 '공적 임무'로 바뀌었다. 상해 출발에서부터 국내 잠입, 상해 귀환까지의 모든 경로 및 일정은 임정의 지시에 따르게 되었다. 3월 초에 상해를

남경 시절 정정화의 가족사진. 왼쪽은 남편 김의한, 오른쪽은 외아들 김자동.

출발했는데 국내 잠입 경로는 임정의 비밀통신 연락망인 연통제
(聯通制)의 지시를 따랐다.

상해에서 단동(丹東)까지는 이륭양행(怡隆洋行)의 배편을 이용했다.
이륭양행은 아일랜드계 영국인 조지 루이스 쇼(1880~1943)가 1919
년 5월에 중국 단동에 설립한 무역선박회사로, 비밀리에 대한민국
임시정부 교통국 역할을 수행하였다. 단동에는 최석순(崔錫淳)이 일
본 형사로 위장하여 임정의 연락업무를 맡고 있었다. 최석순의 도
움으로 압록강을 건너 신의주에 도착하자 세창양복점의 이세창이
그를 인계받았다. 직접 항일투쟁에 나선 이들도 중요하지만 이처
럼 음으로 양으로 도움을 준 수많은 사람들이 있었기에 독립운동
이 가능했던 것이다.

무사히 서울에 도착한 정정화는 20일 가량 머물면서 백방으로
자금 조달에 나섰다. 예상했던 인물이 협조를 거부하는 바람에 당
초 생각했던 만큼의 돈을 모으지는 못했다. 모금한 돈을 전대 깊
숙이 간직한 채 4월 초, 상해행 열차에 올랐다. 서울을 빠져나가
신의주에 도착하자 이세창이 기다리고 있었다. 두 사람은 이세창
이 준비한 밤배를 타고 어둠을 틈타 몰래 압록강을 건넜다. 그때
의 가슴 떨리던 상황을 정정화는 이렇게 기록했다.

> "우리는 압록강을 가로질러 쪽배를 띄웠다. 칠흑 같은 어둠
> 속 어디에선가 왜경들이 우리의 일거수일투족을 노려보고 있
> 을 것만 같았다. 밤의 강소리는 사람을 위협한다. 차라리 짐승
> 의 포효라면 방향이라도 알고 겁에 질려 달아나기라도 하련

일제 강점기에 한국의 독립운동을 지원한 영국인 기업가 조지 루이스 쇼.

만 한밤중의 강바람소리는 달랐다. 전혀 으르렁거리지 않으면서도 사방에서 사람을 옥죄고 들었다. …… 쪽배가 압록강의 중국 쪽 언저리에 닿았을 때 나는 제풀에 지쳐 기진맥진해 있었다."

_ 정정화, 『장강일기(長江日記)』

단동에서 배를 탄 후 꼬박 사흘 낮밤을 보낸 후 나흘째 아침에 상해 부두에 도착했다. 비록 예상했던 금액을 모금해오지는 못했으나 임정에서는 입에 침이 마르도록 칭찬했다. 연약한 여자의 몸으로 그 먼 길을 오고가며 독립자금까지 구해왔으니 오죽 반갑고 고마웠겠는가. 이 일로 정정화는 상해에서 모르는 사람이 없을 정도로 유명인사가 되었다.

이후로도 정정화는 다섯 차례나 더 상해와 국내를 오가며 임정의 비밀 자금전달 업무를 수행했다. 1921년 늦은 봄, 두 번째로 본국에 밀파됐다. 이번에는 첫 번째와 달리 처음부터 임정의 공식 밀사 자격으로 파견됐다. 경로는 첫 번째와 같았고 이세창의 도움을 받은 것도 매한가지였다. 친정에 들렀더니 친정아버지는 딸의 재능을 아까워하며 일본 유학을 권했다. 정정화는 "일본에 맞서 투쟁을 하는 마당에 일본 유학은 어불성설"이라며 사양하였다. 두 번째 임무도 무사히 마치고 상해로 귀환하였다.

1년여 뒤인 1922년 6월, 세 번째 임무를 띠고 국내로 잠입하려 하자 주변에서 말렸다. 두 차례 임무 수행 후 단동과 신의주 거점들이 일경에 발각돼 이륭양행의 조지 루이스 쇼는 추방당했고 이세창도 일경에 체포되었기 때문이었다. 그래서 정정화는 단신으로 비밀리에 다녀올 요량이었으나 이욱(李昱)이라는 사람이 신의주 검문소 사람들과 친하다고 하여 그를 대동한 것이 화근이었다.

압록강 철교를 거의 다 건넜을 무렵 일경 2명이 정정화와 이욱이 탄 인력거를 세웠다. 예기치 않은 검문에 당황하자 일경은 이를 수상히 여겨 그 자리에서 두 사람을 체포하였다. 그때까지만 해도 일경은 정정화가 상해에서 온 여성 독립운동가라는 것을 몰랐다. 그런데 주재소와 경찰서로 끌려 다니며 이틀동안 조사를 받는 과정에서 신분이 탄로 나고 말았다. 정정화는 서울 종로경찰서로 압송되었으나 다행히 별다른 조치 없이 풀려났다.

시댁에 도착하자 상해에서 온 전보 한 장이 기다리고 있었다.

「매일신보」 1922년 6월 24일자에 실린 정정화 체포 기사. 기사에 등장하는 이묘희(23)는 정정화의 아명 정묘희(鄭妙喜)의 오자로 보인다.

시아버지가 위독하다는 것이었다. 돈을 마련할 생각에 예산 친정엘 다녀왔더니 상해에서 다시 한 통의 전보가 와 있었다. 시아버지의 부음이었다. 일흔 넷의 고령으로 조국 광복을 위해 상해로 망명한 지 3년 만에 불귀의 객이 되고 만 것이었다. 김가진의 부음 기사가 신문에 실리자 많은 사람이 문상을 왔다. 정정화는 조의금 일부를 시집 식구들에게 떼어준 후 그 돈까지 합쳐서 상해로 돌아왔다.

　그해 10월 네 번째 귀국길에 오른 정정화는 시댁과 예산 친정, 서울 외가를 오가며 휴식을 취하는 한편 막내여동생 숙화(淑和)가 다니던 근화학원(오늘날 덕성여고)에 다니며 영어를 배웠다. 정정화는 부친에게 미국 유학의 뜻을 밝혔는데 부친은 "봄이 되면 쌀을 팔아서 3천 원을 마련해주겠다."고 약속했다. 그러나 이듬해 봄에 부친이 급서하면서 미국 유학의 꿈은 물거품이 되었다. 이듬해인 1923년 7월 그는 상해로 돌아갔다. 다섯 번째 국내행은 1924년 12월, 마지막 여섯 번째는 1930년 여름이었다.

___
임정 요인들의 수발과 간호, 모든 활동은 독립운동

임시정부에서 정정화의 역할은 국내를 오가며 독립자금을 모금, 전달하는 것 말고도 또 있었다. 석노 이동녕(李東寧), 백범 김구 등 임정 요인들의 식사를 도왔다. 1932년 윤봉길 의거 후 임정이 피난길에 오르자 이에 동행하며 온갖 수발을 묵묵히 감내했다.

> "식생활이라고 해야 가까스로 주먹덩이밥을 면할 정도였고, 반찬은 그저 밥 넘어가게끔 최소한의 종류 한두 가지뿐이었다. 상하이에는 국내보다 푸성귀가 풍부했다. …… 배추로 만드는 반찬이 제일 값이 쌌기 때문에 늘 소금에 고춧가루하고 범벅을 해서 절여놨다가 꺼내 먹곤 했다."
>
> _ 정정화, 『장강일기』

변변한 옷 한 벌도 없었다. 싸구려 천을 사서 장삼(長杉)이라는 중국옷을 해 입었다. 신발 따위는 사치였다. 다 떨어진 헝겊 조각을 여러 겹 겹친 다음, 굵은 실로 바닥을 누벼서 신고 다니거나 허름한 짚신을 끌고 다녔다.

임정에 몸을 담고 있었으니 역사의 현장을 지켜보는 것도 정정화의 몫이었다. 어느 날은 김구가 빈 도시락을 하나 내놓으며 밥을 담아보라고 했다. 윤봉길이 의거 현장에 갖고 들어갈 도시락폭탄과 똑같은 모형이었다. 정정화의 남편 김의한은 윤봉길이 의거에 대비해 사력을 다해 연습하는 장면을 목격하기도 했다. 어느 날 임정 청사 근처의 정안사공원을 지나가던 김의한이 윤봉길 혼자 돌멩이를 던지고 있는 모습을 본 것이다.

윤봉길 의거가 있었던 그날, 임정의 분위기를 정정화는 이렇게 전한다.

> "점심 때가 되어 백범이 나를 찾았다. 몇 분의 점심 준비를 하라는 것이었는데…… 간단하게 점심상을 거의 차렸을쯤 이동녕·조완구 선생이 왔고 좀 늦게 백범이 도착했다. 여느 때와 다름없는 분위기였다. 식사가 끝난 후 백범이 난데없이 나에게 술 한 병과 신문을 사오라고 일렀다. 평소 술을 입에 대는 일이 없는 분이 더욱이 낮에 술을 찾는 게 의아했다."
>
> _ 정정화, 『장강일기』

그날, 아마도 윤봉길과 헤어진 김구는 초조하게 거사의 성공 여부를 기다렸을 것이다. 그리고 더불어 또 한 명의 애국청년이 장렬히 산화하는 것을 지켜보는 아픔을 묵묵히 견뎌야 했을 것이다. 그 심정이 오죽했을까. 손목을 볼 때마다 바꿔 찬 시계를 볼 때마다 윤봉길의 의연한 마지막 모습을 떠올리며 대견함과 미안함을 느끼지 않았을까. 좀처럼 술을 마시지 않던 김구가 술을 찾은 이유를 정정화는 "의아했다"고 썼지만, 나중에 그 이유를 알았을 것이다. 그리고 더 따뜻하게, 더 마음을 써서 임정 요인들을 챙겼을 것이다. 1938년 5월 장사(長沙)에서 이른바 '남목청(楠木廳) 사건'으로 임정 요인 저격 사건이 발생해 김구 등 여러 명이 중상을 입자 이들을 간호하기도 했다.

중경에서 한국독립당이 재창당되자 정정화는 남편 김의한과 함께 창립당원으로 가입해 활동하였다. 그해 6월 한국독립당의 여성 조직으로 한국여성동맹이 기강(綦江)에서 창립될 때 간사로 선출되기도 하였다. 당시 정정화는 '임정의 안주인'으로 활동하면서 1941년 1월 기강에서 중경 근처의 토교(土橋)로 임정 가족들이 이사할 때 총책임을 맡아 이를 주도하였다.

1940년 9월 임시정부가 중경으로 옮겨오면서 임시정부를 중심으로 민족통일전선을 구축하였다. 1943년 2월 각 정파의 부인들도 중경에서 한국애국부인회 재건대회를 개최했는데 정정화는 훈련부 주임으로 선출됐다. 임정 살림살이에서부터 여성단체 활동까지 자신을 필요로 하는 곳이라면 어디든지 전천후로 몸을 던졌다.

미래세대 교육을 위해 임정이 만든 삼일유치원에서 정정화는 꼬마들을 가르쳤다. 태어나기도 전에 조국을 잃고 중국 땅에서 나고자란 아이들에게 머릿속에 고국의 모습을 그려주는 것도 정정화의 몫이었다.

"모국의 산과 들, 모국의 냄새, 모국의 마음을 얘기로만 듣고

1940년대 중경 시절의 정정화.

자라난 아이들이었다. 나는 틈만 나면 독립된 그들의 조국에 대해 내가 알고 있는 모든 것을 이야기해주었다. 어쩌면 그것은 내가 나에게 들려주는 내 나라의 이야기였는지도 모른다."

_ 정정화, 『장강일기』

1945년 8월 15일 일제가 패망하자 이듬해 1월 하순 미군이 제공한 LST⒴송선)를 타고 '난민' 신분으로 귀국했다. 상해로 망명한 지 25년, 20살 꽃다운 나이에 떠났던 그는 어느새 40대 중반이 되어 있었다.

환국 이후의 나날도 평탄치 않았다. 남북이 분단되고 단독정부 수립 문제를 놓고 정파 간에 논란이 일었다. 정정화는 남한의 단독정부 수립에 반대하고 남북협상을 통해 통일 민족국가 수립 운동을 전개하던 김구와 한국독립당 노선을 지지하였다. 이런 연유로 이승만의 단독정부 수립 이후 부통령에 취임한 이시영(李始榮)이 제안한 감찰위원 자리를 받아들이지 않았다.

시아버지 묘는 상해에, 남편 묘는 평양에

한국전쟁을 겪으면서 정정화는 씻을 수 없는 아픔을 둘이나 겪었다. 하나는 남편 김의한이 1950년 9월 서울에서 인민군에 의해 납북된 것이었다. 다른 하나는 팔순 노모와 조카 손녀를 돌보느라 피난을 가지 못해 서울에 머물렀다가 서울 수복 후에 부역죄 혐의로 종로경찰서에 붙잡혀가 고초를 겪은 것이었다. 조사 후에는 정식 기소돼 한 달 간 감옥살이를 하다가 집행유예로 풀려났다. 참으로 억울하고 분통터지는 일이 아닐 수 없었다. 다음은 출옥 직후에 정정화가 쓴 '옥중소감' 전문이다.

餘苦未盡入獄中(아직껏 고생 남아 옥에 갇힌 몸 되니)

老軀衰弱句息存(늙은 몸 쇠약하여 목숨 겨우 붙었구나)

半生所事爲革命(혁명 위해 살아온 반평생 길인데)

今日受辱果是報(오늘날 이 굴욕이 과연 그 보답인가)

國土兩斷思想分(국토는 두 쪽 나고 사상은 갈렸으니)

玉石交叉各自是(옥과 돌이 서로 섞여 제가 옳다 나서는구나)

한국전쟁 중 돈암동에서 시어
머니를 모시고 있던 시절의
정정화.

鐵窓地板無日光(철장과 마룻바닥 햇빛 한 점 없는데)

陰氣襲入惡臭生(음산한 공기 스며들어 악취를 뿜는구나)

一日兩餐一掬麥(하루 두 끼가 한 줌의 보리며)

起居動作依號令(일어서고 앉음이 호령 한마디에 달렸네)

夜深寒氣臥板上(깊은 밤 찬바람에 마루에 누웠는데)

菊秋之節尙麻衣(가을이 늦었어도 걸친 건 모시옷뿐)

獄吏所行亦可笑(옥리들의 소행이 우습기만 하나니)

開口言所辱人家(입 빌리면 사람에게 욕이나 퍼붓네)

擧手所作加鞭撻(손 들어 하는 짓은 채찍질이 고작이니)

與我無有三生怨(나하고 전 삼생에 무슨 원한이 있단 말인가)

오죽하면 감옥에서 풀려난 후 그 억울한 심경을 시로 썼을까. 시아버지를 봉양하기 위해 상해로 건너간 20살의 며느리였던 정정화는 일생을 조국 광복을 위해 바쳤다. 온갖 궂은일을 마다하지 않으면서도 남 앞에 나서는 법이 없었던 그는 말년에 펴낸 회고록 『장강일기』 서문에서 이렇게 썼다.

"내가 임시 망명정부에 가담해서 항일 투사들과 생사를 같이할 수 있었던 것은 순전히 나의 사사로운 일에서 비롯되었다. 다만 민족을 대표하는 임시정부가 내게 할 일을 주었고, 내가 맡은 일을 했을 뿐이다. 주어지고 맡겨진 일을 모르는 체하고 내치는 재주가 내게는 없었던 탓이다. 그러니 나를 알고 지내는 주위 사람들이 나를 추켜세우는 것은 오로지 나의 그런 재주 없음을 사주는 까닭에서일 것이다."

1990년 정부는 정정화에게 건국훈장 애족장(5등급)을 수여하였다. 1940년 9월에 창설된 광복군 여성대원 가운데 더러는 독립장(3등급), 애국장(4등급)을 받은 데 비하면 그가 받은 독립투쟁 공적은 제대로 평가됐다고 보기 어렵다. 1991년 91살로 생을 마감한 정정화의 묘소는 대전 국립현충원에 마련됐다. 시아버지 동농의 묘는 중국 상해에, 남편 김의한의 묘는 평양 애국열사릉에 있다. 이 집안의 이산의 아픔은 아직 끝나지 않았다.

5

17살 순국소녀, '북한의 유관순'

함경북도 명천에서 만세 시위하다 옥에서 순국한 동풍신

유관순(柳寬順).

한국인이라면 삼척동자도 다 아는 애국소녀다. 1919년 거족적으로 일어난 3·1혁명의 상징적인 인물이자 '순국소녀의 화신'으로 불린다. 여성의 몸으로 일제의 총검과 맞서 싸웠고, 갖은 고문을 당한 끝에 열여덟 꽃다운 나이에 감옥에서 생을 마쳤다. 그가 옥고를 치른 서대문형무소의 1평짜리 독방은 흔히 '유관순 굴'로 불렸다.

유관순은 1902년 충남 천안에서 감리교도인 유중권과 이소제의 5남매 가운데 둘째 딸로 태어났다. 3·1혁명 당시 이화학당 고등과 1학년이었던 유관순은 이화학당 내 비밀결사 조직인 이문회(以文會)를 통해 만세 항쟁 계획을 전해 들었다. 유관순은 동료 학생들

이화학당 재학 시절의 유관순(뒷줄 오른쪽 끝). 뒷줄 왼쪽 두 번째는 사촌언니 유예도, 가운데는 지도교사 박인덕이다.

과 함께 3월 1일 만세 시위에 가담했으며, 사상 최대 인파가 몰린 3월 5일 남대문역(서울역) 시위에도 참가했다.

일제는 학생들의 시위 가담을 봉쇄하기 위해 3월 10일 임시휴교령을 내렸다. 이 때문에서 서울에서의 활동이 한계에 부딪히자 학생들은 각자 고향으로 내려가 만세 항쟁을 확산시키기로 했다. 3월 13일 사촌언니 유예도와 함께 천안으로 내려온 유관순은 인근 교회와 학교를 찾아다니며 만세 항쟁을 협의한 끝에 4월 1일 아우내 장날 장터에서 대대적인 시위를 벌이기로 했다.

거사는 계획대로 진행됐다. 이날 오전 9시경 3,000여 명의 군중이 장터에 운집했다. 유관순은 단상에 올라가 독립 쟁취의 당위성을 역설하면서 시위대를 이끌었다. 시위가 절정으로 치닫던 오후 1시쯤, 일본 헌병들이 긴급 출동해 시위를 막았다. 그 과정에서 시위대 선두에 섰던 한 사람이 헌병의 총검에 찔려 쓰러졌다. 분개한 시위대는 희생자의 시신을 둘러메고 헌병 분견대(파출소)로 몰려가 격렬하게 항의했다.

오후 2시 무렵, 지원요청을 받고 달려온 헌병들은 시위대를 향해 무차별 사격을 가했다. 유관순의 부친 유중권과 모친 이소제 등 19명이 현장에서 즉사하고 30여 명이 중상을 입었다. 유관순은 부친의 시신을 업고 헌병 분견대로 달려가 항의하다 만세 시위 주모자로 현장에서 체포됐다. 1심에서 징역 5년, 2심에서 징역 3년을 선고받고 옥고를 치르던 중 고문 후유증으로 이듬해 9월 감옥에서 순국했다. 그때 나이 18살이었다.

아버지를 잃고 목 놓아 만세를 부르다

그럼, 유관순 같은 순국소녀는 남한에만 있었을까?

아니다. 북한에도 있다. 동풍신(董豊信, 1904~1921)이 주인공이다. 유관순처럼 3·1혁명 때 일제와 맞서 싸우다 감옥에서 옥사한 소녀. 그때 동풍신의 나이는 유관순보다 한 살 어린 17살이었다.

그런데 우리는 유관순에 필적하는 공적이 있음에도 불구하고 동풍신에 대해서는 잘 알지 못한다. 아니, 이름조차 생소하다. 왜일까? 동풍신이 북한 출신이기 때문이다. 북한 출신은 독립운동가조차도 금기의 인물이 적지 않다.

동풍신은 1904년 함경북도 명천(明川) 태생이다. 그의 집안 내력은 부친이 동민수(董敏秀)라는 것 정도 외에는 알려진 것이 거의 없다. 동풍신은 제대로 된 얼굴 사진 한 장도 없다. 엄지손가락 크기의, 손으로 그린 초상화가 고작이다.

서울서 멀리 떨어진 함경북도에서는 3월 10일 성진에서 처음 만세 시위가 시작됐다. 이어 3월 12일 길주 등 도내 각지로 퍼져 나갔다. 그러나 함북의 경우 만세 시위는 타 지역에 비해 그리 활발하게 전개되진 못했다. 나남에 주둔한 일본군 19사단의 삼엄한 경계 때문이었다.

명천에서는 3월 14일 화대리 헌병 분견대 앞에서 5,000여 명이 참가한 가운데 대대적인 만세 시위를 벌였다. 이는 함경북도에서 전개된 만세 시위 중 최대 인파였는데 이날 시위 현장에서 불상사가 있었다. 시위를 저지하던 일본 헌병의 무차별 사격으로 시위 군중 5명이 그 자리에서 목숨을 잃은 것이다.

일본 헌병들의 만행에 치를 떤 주민들은 이튿날일 15일, 대대적인 항의 시위를 벌이기로 했다. 주민 박승룡, 김성련, 허영준, 김하용 등이 주동이 된 이날 시위에는 전날과 같은 5,000여 명이 화대 장터에 모여 대규모 만세 시위를 벌였다.

동풍신의 부친 동민수는 당시 오랫동안 병상에 누워 있었는데 전날 시위 때 동포가 일제의 흉탄에 희생됐다는 소식을 듣고 몹시 비통해했다. 결국 그는 환자복을 벗고 새 옷으로 갈아입은 후 병상에서 떨치고 일어나 이날 시위에 참가하였다.

아픈 몸을 이끌고 시위에 참가한 동민수는 시위군중과 함께 독립 만세를 외치며 하가면사무소로 행진하였다. 면사무소에 도착한

동풍신 초상화.

시위대는 일제의 앞잡이가 되어 주민들을 괴롭혔던 면장 동필한을 끌어내어 만세를 부르라고 강요했다. 겁에 질린 면장이 인근 헌병 분견대로 도망치자 시위대는 헌병 분견대로 가서 만세를 부르며 면장을 내놓으라고 요구하였다.

그때였다. 시위 진압차 길주(吉州) 헌병대에서 지원을 나온 제27연대 소속 기마헌병 13명이 경찰과 함께 시위 군중을 향해 무차별 사격을 가하기 시작했다. 시위대 선두에 섰던 동민수는 피할 틈도 없이 총을 맞고 곧바로 숨을 거두었다(동민수는 1991년 건국훈장 애국장을 받았다).

당시 동민수에게는 동풍신이라는 15살 난 딸이 있었다. 비보를 전해들은 딸은 급히 현장으로 달려가 부친의 시신을 부둥켜안고 대성통곡하였다. 환자의 몸으로 시위에 참가했다가 이런 참변을 당했으니 딸의 심정이 오죽했겠는가. 한동안 땅바닥에 꿇어 엎드려 통곡하던 동풍신은 갑자기 자리에서 벌떡 일어나 목이 터져라 큰 소리로 외쳤다.

"대한 독립 만세! 대한 독립 만세!"

헌병의 무차별 발포를 피해 골목에 몸을 숨기고 있던 시위 군중들은 동풍신의 만세 소리에 크게 고무되었다. 마침내 골목에서 뛰쳐나온 군중들은 그와 함께 다시 만세를 외치며 시위를 벌였다. 그때 군중 속에서 누군가 헌병을 부른 사람이 면장이라고 하자 시위대는 면사무소로 달려가 사무실과 일제의 앞잡이 면장의 집도 모두 불태워버렸다.

남에는 유관순, 북에는 동풍신

일본 경찰은 시위를 이끈 동풍신을 '미친 소녀'라며 총을 쏘지는 않았다. 그러나 더 이상 그냥 놔둘 수는 없다고 판단해 현장에서 체포했다. 그 후 함흥형무소에 수감돼 재판을 받던 그는 "만세를 부르다 총살된 아버지를 대신하여 만세를 불렀다."고 당당히 말하고는 온갖 고문에도 항쟁 의지를 굽히지 않았다.

얼마 뒤 서울 서대문형무소로 이감된 동풍신은 온갖 고초를 겪어야만 했다. 특히 일제는 고향인 명천 화대동 출신의 화류계 여성을 같은 감방에 넣어 동풍신을 회유했다. 일제의 사주를 받은 이 여성은 수차례 거짓말을 했다.

"풍신아! 너의 어머니는 네가 잡혀간 뒤에 혼자서 외롭게 지내면서 밤낮으로 애태우다가 너무 상심한 끝에 실신하여 너의 이름

의정부 소재 동씨 문중묘지에 있는 동씨 출신 애국지사 추모비.

을 부르다가 세상을 떠났단다."

이때마다 어린 동풍신은 충격을 이기지 못해 몇 차례나 기절하곤 했다. 고문과 괴롭힘 등 감옥생활로 심신이 극도로 지친데다 모친의 사망 소식에 상심한 나머지 동풍신은 식음을 전폐했고, 건강은 날로 악화되었다. 결국 옥중투쟁 끝에 1921년 서대문형무소에서 숨을 거두었다. 채 피지도 못한 꽃다운 나이 17살이었다.

'남에는 유관순, 북에는 동풍신'.

이 말은 결코 과장이 아니다. 두 사람은 여러 모로 닮았다. 유관순이 천안 아우내 장터에서 만세 시위를 이끌었다면 동풍신은 명천 화대 장터에서 만세를 불렀다. 또 부친이 만세 시위에 참가했다가 일본 헌병의 총에 맞아 현장에서 숨을 거둔 것도, 옥중에서 순국한 것도 똑같다.

정부는 1991년 '17살 순국소녀' 동풍신에게 건국훈장 애국장을 추서했다. 너무 늦긴 했지만 그의 항일투쟁 공적을 인정한 것은 다행한 일이다. 이북 출신이라는 이유로 공훈심사나 서훈에서 홀대를 받는 일은 없어야 할 것이다. 이제부터라도 '유관순'뿐만 아니라 '동풍신' 이름 석 자도 기억해주자.

나는 대한 독립과
결혼했소

엘리트 '신여성' 출신 항일투사 김마리아

여성들이 항일투쟁에 참여하기 시작한 것은 근대식 학교가 등장한 후 여성교육을 통해서였다. 전근대적인 봉건 체제에 갇혀 있던 여성들은 교육을 통해 비로소 눈을 뜨게 되었다. 여성들이 본격적으로 항일투쟁에 나선 것은 1919년 3·1혁명이 직접적인 계기가 됐다. 유관순 등 이화여전 학생들은 물론 교사와 기생들까지도 나서서 만세 시위에 동참했다. 이른바 '신여성'들이 바로 그들이다.

신여성 가운데 대표적인 여성 항일투사로 김마리아(1891~1944)를 들 수 있다. 부유한 집안에서 태어나 민족적 분위기가 강한 가풍 속에서 성장한 김마리아는 일본 유학을 다녀왔으며 3·1혁명에도 적극 참여했다. 또 중국 상해로 망명한 후 임시정부에서 의정원 최초의 여성의원을 지냈으며, 해방 때까지 한 점 흐트러짐 없이 일관된 삶을 살았다.

___

만석꾼 집안의 셋째 딸, 당찬 신여성이 되다

'신여성' 항일운동가 김마리아, 그는 누구인가?

김마리아는 1891년 황해도 장연에서 지주 김윤방(金允邦)의 셋째 딸로 태어났다. 그의 부친은 일찍이 기독교에 입교한 뒤 고향에서 교회와 학교를 세워 계몽운동에 앞장선 개화 인사로 통했다. 마리아라는 그의 이름 겸 세례명도 부친이 지어준 것이다.

만석꾼 집안임에도 그의 친인척 가운데는 민족운동에 투신한 이가 적지 않다. 세브란스 의전 출신으로 만주에서 독립운동을 한 김필순(金弼淳)은 셋째 삼촌이며, 김규식(金奎植)의 부인이자 상해에서 대표적 여성 독립운동가로 불린 김순애는 셋째 고모였다. 이같은 집안 분위기로 인해 자연스럽게 민족운동에 투신하게 된 것으로 보인다.

1896년 부친이 세운 소래[松川]학교에 들어가 신학문을 익힌 그는 1901년 이 학교를 졸업한 뒤 집에서 한학을 수학하였다. 을사늑약이 체결된 1905년 상급학교 진학을 위해 상경한 그는 당시 세브란스병원에 근무하고 있던 셋째 삼촌 김필순의 집에 기거하면서 1906년부터 정신여학교에 입학하여 공부하였다. 1910년 6월 이 학교를 졸업하고 큰언니 김함라(金函羅)가 근무하던 전남 광주의

신여성 항일운동가 김마리아.

수피아여학교 교사로 부임하였다.

이곳에서 2년 간 근무한 후 은사들의 추천으로 모교인 정신여학교로 옮겨 수학교사로 활동했다. 일본 유학길에 오른 것은 그다음 해였는데 루이스 교장의 추천과 재정 지원 덕분이었다. 히로시마 금성학원(金星學院)에서 일본어와 영어를 익힌 김마리아는 1915년부터 동경여자학원 대학예비과에 입학하여 본격적으로 선진 학문을 익히기 시작했다. 그가 민족운동에 나서게 된 것은 일본 유학 시절부터였다.

일본에 유학중이던 김정화(金貞和), 나혜석(羅惠錫) 등은 1914년 4월 여자 유학생들을 규합하여 조선여자친목회를 조직했는데 이는 일본에서 조직된 첫 여성 항일단체였다. 이들은 도쿄에 있는 조선인 여자들 간의 상호 친목을 도모하기 위해 조직됐는데 「여자계(女子界)」라는 잡지도 발행했으며, 1년에 세 차례씩 정기총회를 열어 시국 토론을 하기도 했다.

1918년 미국 대통령 윌슨이 민족자결주의를 표방하자 이에 고무된 재일조선인 유학생들은 '대한독립선언'을 비밀리에 준비하였다. 김마리아는 동지 황애덕과 함께 여자 유학생들을 규합하여 이에 가담키로 하고 2·8독립선언 준비에 필요한 자금 100원을 모금하여 기증했다. 또 2·8독립선언 당일에는 독립선언대회에도 참석했다가 도쿄 경시청에 연행돼 취조를 받았다.

___

2·8독립선언의 불씨를 조선으로!

2·8독립선언 후 김마리아는 이 불씨를 조선으로 옮겨오기로 마음먹었다. 그는 2·8독립선언문 10여 장을 미농지에 복사하여 기모노 띠 속에 감추고 2월 15일 부산으로 건너왔다. 마침 상해 신한청년당에서 국내의 독립운동을 촉구하기 위해 밀사로 파견한 큰고모부 서병호(徐丙浩)와 셋째 고모 김순애를 우연히 만났다. 이들은 민족기업인 안희제(安熙濟)가 경영하던 백산상회로 가서 향후 활동 계획을 논의하였다.

서울로 올라오기 전에 일단 대구로 가서 기독교계 동지들을 만나 거족적 독립운동을 촉구한 후 큰언니 김함라와 막내 고모 김필례가 살고 있던 광주로 향했다. 그곳에서 김마리아는 수피아여학교 교직원들과 간호사들을 초대하여 여성 독립운동의 필요성을 역설하면서 이에 동참할 것을 권유하였다.

2월 21일에 서울에 도착한 김마리아는 황애덕과 함께 이화학당 교사 박인덕, 신준려 등을 만나 도쿄 2·8독립선언 소식을 전한 후 향후 여성들의 독립운동 참여 문제를 논의하였다. 이어 종교계 등 각계 지도자들을 만나 거족적인 독립운동을 촉구하였다.

1919년 3·1혁명이 발발한 그날 김마리아는 황해도 봉산, 신천 등지를 돌며 지방 여성들에게 만세 시위 참여를 촉구하였다. 3월 5일 남대문역(서울역) 앞에서 서울 시내 학생들이 격렬한 만세 시위를 벌였는데 김마리아는 이날 시위의 배후인물로 지목돼 학생들과 함께 체포되었다. 3월 5일 정신여학교 기숙사에서 일경에게 끌려간 김마리아는 감옥에서 상상할 수 없을 정도로 모진 고문을 받았다. 일경은 '네가 머리가 좋으면 얼마나 좋으냐'고 머리를 막대기로 계속 때렸다고 한다.

> "일본 사람들이 나를 얼마나 고문했는지, 물과 고춧가루를 코에 넣고 가마에 말아서 때리고 머리를 못 쓰게 해야 이런 운동을 안 한다고 시멘트 바닥에 구둣발로 머리를 차고…… 그러나 내 정신은 똑똑해서 '너희가 할 대로 다 해라. 그러나 내 속에 품은 내 민족 내 나라 사랑하는 이 생명만은 너희가 못 빼내리라' 하고 생각했어."

김마리아는 그때 막대기로 계속해서 머리를 얻어맞아 고막이

상해에 가 있는 김마리아

터지고 귀와 코에 고름이 차는 메스토이병으로 평생을 고생했다. 보안법 위반 혐의로 기소되어 서대문감옥에 수감된 김마리아는 증거불충분으로 풀려났으나 한동안 고문 후유증에 시달렸다.

 김마리아가 감옥에 수감돼 있을 당시 정신여학교 동창들은 혈성부인회를 조직해 3·1혁명으로 투옥된 남녀 애국지사 옥바라지와 함께 그 가족들을 돌보았다. 또 기독교 계통의 여성들은 대조선독립애국부인회를 결성하여 임시정부 후원 활동을 벌였다. 얼마 뒤 두 단체는 통합하여 '대한민국애국부인회'로 거듭났다. 출감 후 김마리아는 황애덕과 상의하여 이 단체를 전국적인 규모로 키우기로 결심하고 자신이 회장을, 황애덕이 총무부장을 맡았다.

 얼마 뒤 애국부인회는 서울, 대구를 비롯하여 부산, 전주, 진주,

평양, 원산 등 전국 15개 지역에 지부를 설치하고 회원도 2,000여 명을 확보하였다. 1919년 11월에는 거금 6,000원을 모아 상해 임시정부에 전달하였다. 여성단체로서는 대단한 성과였다.

호사다마라고 했던가. 내부자의 배신으로 일경에 발각되면서 김마리아를 비롯해 임원진 등 52명이 체포되었다. 그는 동지 황애덕과 함께 대구지방법원과 복심법원에서 3년형을 선고받았다. 이에 불복하여 상고하였으나 기각당하면서 형이 확정되었다. 조사 과정에서 일제의 고문과 악형으로 그는 1920년 5월 22일 병보석으로 출감하였다.

김마리아는 심문을 당하면서도 일본의 연호인 '쇼와'는 모른다며 '서기 몇 년' 식으로 이야기함으로써 일본 제국을 당당하게 부인했다. 당시 김마리아를 심문했던 일본인 검사 가와무라의 말을 옮겨보자.

> "김마리아가 더욱 가증한 것은 본직(가와무라 검사)에게 심문을 당할 때에 거만하게 '나는 일본의 연호는 모르는 사람이라' 하면서 서력의 천구백 몇 년이라고 하는 것을 보면 그의 눈에 일본 제국이라는 것은 없고 일본의 신민이 아닌 비국민적 태도를 가진 것이다."
>
> _ 대한민국애국부인회 제1회 공판 방청 속기록 중에서

출옥 후 세브란스병원에 입원해 치료를 받던 김마리아는 중국 망명을 계획하였다. 국내에서는 더 이상 활동이 어려워졌기 때문

이었다. 1921년 7월 10일 그는 인천에서 배편으로 탈출하여 8월 초 중국 상해에 도착했다. 큰고모 김구례(金求禮)와 셋째 고모 김순애의 간호 덕분에 건강을 회복하고 남경대학에 입학하여 공부를 계속하는 한편 상해 대한애국부인회에도 참여하여 활동하였다.

상해에 체류하면서 그는 대한민국 임시의정원(국회)에서 황해도 대의원(국회의원)으로 선출돼 활동했다. 그러나 당시 임시정부는 내부 갈등으로 큰 위기에 처해 있었다. 1921년 1월 국무총리 이동휘의 사퇴에 이어 5월에는 노동국 총판 안창호 등 주요 국무위원이 잇따라 사퇴했다. 초대 대통령인 이승만조차 미국으로 돌아가버리면서 와해 직전 상태에 빠졌다. 이를 수습하기 위해 1923년 1월에서 5월까지 상해에서 국민대표회의가 열렸는데 김마리아는 대한 애국부인회 대표로 참가하였다.

김마리아는 임시정부 법통성의 유지를 강력하게 주장하고 각원 개선 등 개조 방안을 제시했으나 사태는 수습되기는커녕 기존 임시정부를 해체하고 새로운 조직을 건설하자는 창조파(創造派)와 현재의 임시정부를 확대 개편하자는 개조파(改造派)로 나뉘어 분란만 가중되었다. 고민 끝에 김마리아는 새로운 돌파구로 미국 유학을 추진했다.

그해 6월 김마리아는 미국 유학길에 올랐다. 7월 11일 미국 로스앤젤레스에 도착한 그는 안창호의 부인 이혜련의 도움으로 현지에 정착했다. 1924년 9월 미국 미네소타 주 파크빌시에 있는 파크대학에 입학하여 2년 간의 학업을 마치고 다시 1928년 시카고 대학 사회학과에 진학하였다. 대학도서관에 근무하며 학부 과정과 연구 과정을 마친 끝에 1929년 사회학 석사 학위를 받았다.

<hr />

"김마리아 같은 여성 10명만 있었다면 독립이 되었을 것"

미국 유학 시절에도 김마리아는 조국 독립의 염원을 버리지 않았다. 그는 1928년 2월 뉴욕에서 황애덕, 박인덕, 김매리 등 미국에 유학중인 여학생들을 규합하여 '근화회(槿花會)'를 결성했다. 근화회는 "조국 광복의 대업을 촉진하기 위하여 재미 한인 사회의 일반 운동을 적극 후원"할 목적으로 조직되었는데 그는 이 단체의 회장을 맡아 활동했다.

1930년 뉴욕 비블리컬 세미너리(Biblical Seminary)에서 신학 교육을 받은 김마리아는 1933년 봄 13년 간의 망명 생활을 청산하고 귀국했다. 그러나 일제의 감시와 압박으로 서울에서 활동하기가 곤란하자 원산의 마르다 윌슨 신학교에 부임하여 신학을 강의했다. 그는 각종 모임을 통해 민족의식을 고취하고 신사참배를 거부하는 등 줄기차게 항일투쟁을 전개하였다.

1937년 중일전쟁 발발 후 천주교, 장로교, 감리교 등 한국 기독교 주요 교파들은 신사참배에 나서는 등 대거 변절하였다. 그러나 김마리아는 끝끝내 지조를 굽히지 않았다. 이런 그를 두고 안창호는 "김마리아 같은 여성이 10명만 있었다면 대한민국은 독립이 되었을 것"이라고 말했다. 엘리트 출신으로 얼마든지 편안한 삶을 살 수 있었음에도 그는 평생을 독립운동에 몸 바쳤다.

시카고대학에서 석사 학위를 받은 김마리아.

　여러 차례에 걸친 일경의 고문 수사와 감옥 생활로 그의 심신은 만신창이가 돼 있었다. 일경에게 체포되어 고문을 받는 과정에서 한쪽 가슴을 인두로 지저버리는 잔혹한 성고문을 당해 김마리아가 남긴 한복 저고리를 보면 안섶과 겉섶의 길이가 짝짝이다. 고문 후유증이 재발하여 평양기독병원에 입원하여 치료를 받던 김마리아는 조국 광복을 불과 1년여 앞둔 1944년 3월 13일 끝내 숨을 거뒀다. 운명 직전 "화장해서 대동강 물에 뿌려달라."는 유언을 남겼는데 수양딸 배학복은 그의 유언대로 행하였다.

　1962년 정부는 건국훈장 독립장을 추서했다. 김마리아가 졸업한 뉴욕신학교는 2007년에 '김마리아상'을 제정했으며, 그해 여성단체는 10만원권 지폐의 여성 인물 후보자 6명 중 1명으로 선정하기도 했다.

2012년 탄생 120주년을 기념해 모교인 정신
여중·고에 건립된 김마리아 흉상.

　배학복은 "선생님은 6시 반에 아침, 12시 반에 점심, 5시 반에
저녁 식사를 어기지 않고 하셨다."고 매사에 분명하고 바른 김마
리아의 면모를 증언한다. 유품이라곤 낡은 수저 한 벌이 전부였던
김마리아, 50여 년의 길지는 않지만 치열한 삶을 살았던 그의 삶
이 우리에게 던지는 메시지는 선연하다.

7

투사로, 투사의 아내로,
두 번 살다

간호사 출신 항일투사이자 신채호의 아내였던 박자혜

"여보, 당신이 남겨놓고 가신 비참한 잔뼈 몇 개 집어넣은 궤
짝을 부둥켜안고 마음 둘 곳 없나이다. 작은 궤짝은 무서움도
괴로움도 모르고 싸늘한 채로 침묵을 지키고 있습니다. ……
당신의 원통한 고혼(孤魂)은 지금 이국의 광야에서 무엇을 부
르짖으며 헤매나이까?"

차마 눈물 없이는 읽을 수 없는 이야기다.

이국땅에서 독립운동을 하다가 일경에 체포돼 옥중에서 타계한
남편. 그리고 그런 남편의 시신을 수습해 고국으로 돌아와 타다
남은 남편의 뼛조각이 든 궤짝을 부둥켜안고 밤새 통곡하는 아내.

그 아내는 홀로 두 아들을 키우며 독립운동가 남편을 뒷바라지

하느라 청춘을 바쳤다.

몇 개의 뼛조각으로 고국으로 돌아온 남편은 단재 신채호(申采浩, 1880~1936)이고, 남편의 영전에 마지막 이별의 글을 쓴 사람은 그의 아내 박자혜(朴慈惠, 1895~1944)다. 두 사람은 인생의 동반자로, 때론 항일투쟁 동지로 일생을 함께했다. 남편이 죽은 후 박자혜는 "모든 희망이 끊어지고 말았다."고 토로했다. 조국의 독립과 남편의 석방이 유일한 희망이었던 그에게 남편의 죽음은 전부를 잃는 것과 같았을 것이다.

궁궐의 아기나인, 조선총독부 병원의 간호부 되다

박자혜는 본디 간호부(간호사) 출신이다.

1895년 경기도 고양(현 서울시 도봉구 수유리) 출신인 그는 아기나인(內人)으로 궁궐에 들어갔다. 대여섯 살 어린 나이에 궁궐로 들어가게 된 것은 집안 형편이 넉넉지 못했던 때문일 것으로 보인다. 그는 궁중에서 한글, 소학, 규범, 내훈(內訓) 등을 익히며 나인 견습을 했다.

그런데 궁중 생활 10년쯤 되었을 무렵 박자혜는 궁에서 갑자기 쫓겨났다. '경술국치' 두 달 뒤인 1910년 12월 30일 일제는 〈황실령 34호〉를 반포해 궁녀와 내시 수백 명을 해고했다. 몰락한 황실에는 많은 사람이 필요하지 않았기 때문이었다.

졸지에 궁 밖으로 나오게 된 박자혜는 상궁 조하서(趙霞棲)를 따라 명신여학교(숙명여학교의 전신) 기예과에 입학하여 근대식 교육을 받았다. 이후 사립 조산부(助産婦) 양성소를 졸업하고 1916년부터 1919년 초까지 조선총독부 소속 의원(병원)에서 조산부(간호사)로 일했다. 당시 조산부는 몇 안 되는 여성 전문직으로 통했다.

총독부가 주는 월급을 받으며 독립운동 따위에는 별로 관심도 없던 박자혜에게 커다란 삶의 변곡점이 된 사건이 일어났다. 1919년의 3·1혁명이었다. 일제는 만세 시위에 참가한 군중들을 총칼로 진압하였는데 이 과정에서 부상자가 속출했다. 박자혜가 일하던 총독부 병원도 부상자들로 넘쳐났다. 조선인 부상자들을 보면서 울분과 더불어 큰 충격을 받은 박자혜는 항일운동에 가담하기로 마음먹었다. 3월 6일 근무를 마친 박자혜는 간호사들을 옥상에 불러 모아 만세 시위에 동참하자고 제안하였다. 그는 민족대표 33인 중 1인인 이필주(李弼柱) 목사와 연락을 취하면서 병원 내 조산원과 간호사를 규합하여 간호사들의 독립운동단체인 '간우회(看友會)'를 조직했다.

간우회를 통해 각종 유인물을 비밀리에 제작해 배포하는 한편, 3월 10일을 기해 간우회 회원들과 함께 만세 시위를 벌였다. 또 얼마 뒤에는 총독부 병원 소속 조선인 의사를 규합하여 일제의 부당한 대우에 항의하는 태업(怠業)을 주도하였다. 이른바 '간우회 사건'으로 박자혜는 일경에 체포돼 유치장에 수감됐다.

당시 일제의 조선인 감시 보고서는 그녀를 다음과 같이 기록하고 있다.

- 과격하고 언변이 능한 자.
- 총독부 의원 간호사 모두를 대상으로 독립 만세를 고창한 주동자.

다행히 병원장의 보증으로 얼마 뒤 풀려났으나 일제에 불순분자로 낙인이 찍혀 더 이상 총독부 병원에 근무할 수 없었다. 물론 더 이상 일제를 위해 일할 마음도 없었다. 결국 박자혜는 심양을 거쳐 북경으로 건너가 지인의 도움으로 연경(燕京)대학 의예과에 입학했다.

북경의 어느 봄날, 신채호를 만나다

평생의 반려가 될 신채호를 만난 것은 북경 생활 1년 뒤인 1920년 봄이었다. 당대 최고의 문필가이자 혁명가로 이름을 떨치고 있던 신채호는 우당 이회영의 부름으로 그때 북경에 와 있었는데, 이회영의 부인 이은숙이 두 사람을 중매하면서 이들의 인연이 시작됐다. 그때의 일을 박자혜는 이렇게 기억한다.

검푸르던 북경의 하늘빛도 나날이 옅어져가고 만화방초가 음산한 북국의 산과 들을 장식해주는 봄, 4월이었습니다. 나는 연경대학에 재학 중이고 당신은 무슨 일로 상해에서 북경으로 오셨는지 모르나 어쨌든 나와 당신은 한평생을 같이하자

신채호와 박자혜의 결혼식 사진.

는 약속을 하게 되었던 것입니다.

_ 박자혜, 〈가신 임 단재의 영전에〉 중에서

당시 40살의 단재는 첫 부인과 별거한 뒤 10년째 독신이었다. 박자혜는 스물 다섯이었으니 둘의 나이차는 무려 15살. 두 사람은 북경 시내 한 여관방에서 신혼살림을 차렸고, 이듬해 봄에 장남 수범이 태어났다. 두 사람에게는 꿈같이 달콤한 시간이었다.

그러나 그 행복은 채 2년도 가지 못했다. 이유는 돈이었다. 당시 북경에서 신문이나 잡지 기고로 받는 원고료와 약간의 후원이 수입의 전부였던 신채호는 처자를 부양할 형편이 못 됐다. 결국 박자혜는 둘째를 가진 몸으로 1922년에 장남을 데리고 귀국했다. 차남 두범이 1927년생인 것으로 보아 귀국 당시 뱃속의 아이는 사망한 것으로 추정된다.

고국으로 돌아온 박자혜의 앞에는 길고도 잔인한 삶이 기다리고 있었다. 친정과 시댁을 통틀어 비빌 언덕이라곤 없었다. 친척 소개로 모 씨 집에서 몇 해 동안 기거하며 신세를 졌는데 그것도 하루 이틀이었다. 홀몸도 아닌 식구가 셋이나 됐으니 말이다.

결국 그는 1927년 동짓달 그믐날 성(서울) 인사동 69번지로 거처를 옮겼다. 그리고는 호구지책으로 〈산파 박자혜〉라는 간판을 내걸고 조산원을 차렸다. 그러나 생각만큼 수입이 신통치 않았다. 당시에는 어지간한 난산(難産)이 아니면 조산원을 찾지 않는 데다 조산원이 우후죽순으로 생겨난 탓이었다. 할 수 없이 아들과 함께 풀 장사를 하거나 종로 네거리에서 참외 장사를 하며 겨우 연명하였다. 당시 박자혜의 서울 생활이 얼마나 곤궁했는지를 보여주는 기사가 하나 있다. 「동아일보」에 실린 '신채호 부인 방문기'라는 탐방기사가 그것이다. 도입부 일부를 옮겨오면,

"시내 인사동 육십구 번지 앞 거리를 지나노라면 '산파 박자혜'라고 쓴 낡은 간판이 주인의 가긍함을 말하는 듯이 붙어 있어 추운 날 저녁볕에 음산한 기분을 자아내니 이 집이 조선 사람으로서는 거의 다 아는 풍운아(風雲兒) 신채호 가정이다. 간판은 비록 산파의 직업이 있는 것을 말하나 기실은 아무 쓸 데가 없는 물건으로 요사이에는 그도 운수가 갔는지 산파가 원체 많은 관계인지 열 달이 가야 한 사람의 손님도 찾는 일이 없어 돈을 벌어보기는커녕 간판 붙여놓은 것이 도리어 남부끄러울 지경이므로 자연 그의 아궁이에는 불 때는 날이 한 달이면 사오일이 될까 말까 하여 말과 같은 삼순구식의 참상을 맛보고 있으면서도 주린 배를 움켜잡고……"

_「동아일보」, 1928년 12월 12일자

「동아일보」 1928년 12월 12일자에 실린 '방문기'와 조산원 모습. 조산원 지붕에 '산파 박자혜'
라고 쓴 간판이 보인다. 원 내는 박자혜.

좀 과장이 됐다고는 하나 '삼순구식(三旬九食)', 즉 한 달에 겨우
아홉 끼를 먹는데다 아궁이에 불을 때는 날이 한달에 4~5일이 될
까 말까 했다고 하니 그 곤궁함이 어떠했는지 짐작이 가고도 남
는다. 당시 교동(校洞)보통학교 2학년이던 장남 수범(당시 8살)은 굶기
를 밥 먹듯 한 데다 변변한 옷 한 벌이 없어 이웃 사람 보기 민망
할 정도였다고 한다.

일경의 감시를 뚫고 나석주 의거를 돕다

그해 5월 신채호는 대만 기륭항에서 '외국위체위조사건(外國爲替

僞造事件)'연루자로 체포돼 대련으로 이송되었다. 10년형을 선고받고 여순감옥에 수감된 신채호는 감옥에서 아내에게 편지를 보내 "조선옷에 솜을 많이 넣어 두툼하게 만들어 하나 보내달라."고 부탁했다. 그러나 입에 풀칠하기도 힘들었던 박자혜는 남편의 부탁을 들어줄 방법이 없었다.

"대련이야 오죽이나 춥겠습니까, 서울이 이러한데요."

박자혜는 집으로 찾아온 「동아일보」 기자에게 신세 한탄을 하고는 초면의 기자 앞에서 부끄러운 줄도 모르고 훌쩍거렸다. 그들 세 식구는 아는 사람 소개로 방 한 칸을 6원 50전을 주고 월세로 살고 있었다. 그런데 석 달이나 방세가 밀려 날마다 집주인의 독촉에 시달렸는데 "굶는 것보다 견디기가 더 어려운 지경"이었다고 한다.

이런 소식을 전해들은 신채호는 가슴이 찢어질 것만 같았다. 그는 아내에게 보낸 편지에서 "정 할 수 없거든 아이들을 고아원에 보내시오."라고 썼다. 독립운동을 하다가 옥중에 갇힌 신세여서 가족을 돌볼 수가 없었으니, 가장으로서 심정이 어떠했을까.

가난만큼이나 고통스러운 것은 일경들의 감시와 폭력이었다. 장남 수범이 학교에 가려고 집을 나서면 어디선가 일경이 나타나 어린 수범의 책가방을 함부로 뒤지곤 했다. 혹시라도 아들을 시켜 다른 독립운동가들과 연락을 주고받는지 살피기 위해서였다. 수범은 일경의 간섭을 견디다 못해 선린상고를 중퇴하였다. 그 역시 수없이 연행되어 고초를 겪었으며, 일경에게 참기 힘든 모욕과 폭력을 당했다.

일제 수탈의 상징이었던 동양척식회사 건물(왼쪽)에 폭탄을 던진 나석주 의사(오른쪽).

이렇게 혼자서 두 아들을 키우며 어렵게 사는 와중에도 박자혜
는 독립운동가들과 지속적으로 연락을 취하며 직간접적으로 그들
을 도왔다. 나석주 의사의 의거를 지원한 일이 한 예이다.

1926년 12월 28일 의열단원 나석주는 일제 수탈의 상징인 조선
식산은행과 동양척식회사에 폭탄을 던져 세상을 발칵 뒤집어놓았
는데 이때 나석주를 도운 사람이 박자혜였다. 황해도 출신이라 서
울 지리에 어두웠던 나석주에게 동양척식회사 등의 위치를 알려
주고 숙식을 제공하며 거사를 도운 것이다. 당시 일경의 감시를
받고 있던 박자혜에게 그런 일은 목숨이 왔다갔다 하는 위험한
일이었다.

독립운동가로 살고, 독립운동가의 아내로 살다

박자혜가 남편을 마지막으로 만난 것은 1927년이었다. 이듬해

신채호가 여순감옥에서 뇌일혈로 쓰러져 '의식불명' 상태임을 보도한 「동아일보」 1936년 2월 19일자 기사.

5월 신채호가 여순감옥에 수감된 이후로는 편지 왕래가 고작이었다. 1931년부터는 그나마도 끊어졌다. 박자혜는 남편의 석방 날짜(1937년 10월 17일)만을 손꼽아 기다렸다. 연초에는 남편으로부터 잘 지내고 있다는 편지까지 받은 터였다.

그런 와중에 1936년 2월 18일 관동형무소(여순감옥)에서 장남 신수범 앞으로 전보가 한 통 날아들었다.

'신채호 뇌일혈로 의식불명, 생명 위독, 관동형무소'

박자혜는 이튿날 장남, 친척 서세충(徐世忠) 등과 함께 여순감옥으로 향했다. 감옥에 도착해보니 남편은 이미 의식불명 상태였다. 2월 21일 오후 4시, 신채호는 여순감옥에서 끝내 숨을 거뒀다. 박자혜는 24일 열차편으로 남편의 유해를 싣고 귀국했다. 경성역에

남편의 유골함을 들고 경성역(서울역)에 내린 박자혜와 마중 나온 지인들. 「동아일보」 1936년 2월 25일자에 실렸다.

내리자 홍명희, 안재홍, 정인보 등 민족진영 인사들이 대거 마중을 나왔다. 장례는 이들이 모아준 부조금으로 치렀는데 장지는 향리인 충북 청주.

> "당신의 괴로움과 분함과 설움과 원한을 담은 육체는 작은 성냥 한 개비로 연기와 재로 변하고 말았습니다. 가신 영혼이나마 부디 편안히 잠드소서."
>
> _ 박자혜, 〈가신 임 단재의 영전에〉 중에서

신채호가 사망한 이후 가족들의 삶이 어떠했는지는 자세히 알려진 것이 없다. 다만 차남 두범이 1942년 영양실조와 폐병으로

충북 청원군 소재 신채호 사당에 있는 신채호, 박자혜 부부의 동상.

사망한 것으로 보아 지독한 생활고에 시달렸던 것으로 보인다. 잦은 연행과 고문 후유증으로 병을 얻은 박자혜는 조국 광복이 채 1년도 남지 않은 1944년 10월 16일, 단칸 셋방에서 홀로 쓸쓸히 숨을 거뒀다. 그의 유해는 화장한 뒤 한강에 뿌려졌다.

'시대의 풍운아' 신채호를 남편으로 뒀던 박자혜는 조국의 독립을 위해 남편을 바쳤고, 그런 남편을 위해 자신의 삶도 송두리째 바쳤다. 한 사람의 독립운동가로서, 독립운동가의 아내로서 두 몫의 독립운동을 한 박자혜에게 1990년 정부는 건국훈장 애족장을 추서하였다.

박자혜의 오십 평생은 혹독한 가난과 지독한 외로움으로 점철됐다. 2008년 신채호의 묘소에 박자혜의 위패를 안치함으로써 비로소 두 사람은 하나가 되었다. 이승에서 못다 한 부부의 연을 저승에서나마 오래오래 함께하길 빈다.

8

총 들고 일본군과 싸운
'부산의 딸'

조선의용대 대원으로 활약한 박차정

부산 금정구 금정문화회관 '만남의 광장'에는 동상이 하나 서 있다. 화강석 좌대 위의 높이 4.8미터 동상은 여성이다. 그리고 장총을 들고 서 있다.

총과 여성.

조금은 낯선 풍경이다. '꽃과 여성'이라면 몰라도 여성이 총을 들고 서 있는 모양은 썩 익숙한 광경은 아니다. 이 동상의 주인공은 이 지역 출신 여성독립운동가 박차정(朴次貞, 1910~1944)이다.

항일 무장투쟁에 나선 여성 독립운동가가 더러 있었다. 안경신은 동지들과 함께 평양경찰서에 폭탄을 던졌고, 남자현은 일본 고관을 처단하기 위해 폭탄을 숨겨서 거사에 나서기도 했다. 또 맹산독립단 총참모 조신성은 육혈포와 다이너마이트를 가슴에 품고 다녔다. 그러나 이들도 일본군과 교전을 벌인 적은 없다.

그런 점에서 박차정은 이들과는 또 다르다. 박차정은 조선의용대 소속으로 일본군과의 전투에 직접 참가했다. 그리고 그때 입은 총상의 후유증으로 결국 목숨을 잃었다. 박차정 동상이 총을 들고 서 있는 것은 이런 까닭이다.

꽃 대신 총을 든 그녀

박차정은 1910년 부산 동래에서 박용한과 김맹련의 3남 2녀 중 넷째로 태어났다. 그의 부친은 일찍부터 신문물에 눈을 뜬 선각자였다. 구한말 동래 지방의 신식학교인 개양학교와 보성전문학교 졸업 후 탁지부 주사를 지냈다. 1910년 경술국치 이후 일제의 무단정치에 비분강개하여 1918년 1월 유서 한 통을 남기고 자결하였다.

모친은 약산 김원봉과 의형제를 맺었던 김두전(金枓全)과는 육촌, 한글학자이자 독립운동가인 김두봉(金枓奉)과는 사촌 간이었다. 박차정이 일찍부터 민족의식이 강했던 것은 집안 가계에서 비롯한 것이라고 할 수 있다.

박차정이 항일의식을 키우기 시작한 것은 1924년 5월 조선소년동맹 동래지부에 가입하여 활동하면서부터였다. 이듬해 일신여학교 고등과에 입학했는데 이 학교는 선교 계열이면서 조선어, 역사, 지리 등의 교과에 중점을 둔 민족의식이 강한 학교였다.

총을 든 박차정의 동상.

　이 학교는 많은 독립운동가를 배출했으며, 1919년 3·1혁명 때
는 부산 지역 만세항쟁 전개에 크게 기여했다. 재학 시절부터 박
차정은 학생들에게 독립운동에 동참해야 한다고 역설하고 다녔다.
그는 일신여학교의 동맹휴학을 주도하곤 했다.

___
평생의 반려 김원봉을 만나다

　박차정이 전국 규모의 여성운동·민족운동에 나서게 된 것은
1927년에 결성된 근우회에 참여하면서부터였다. 근우회는 민족주
의 계열과 사회주의 계열 여성단체들이 통합하여 단체로, 신간회
처럼 반제(反帝)·반봉건운동을 기치로 내걸었다.

동래 일신여학교 시절의 박차정(맨 앞줄 중앙 원 내).

박차정은 1929년 7월부터 경남 전형위원, 33인으로 구성된 중앙집행위원, 그리고 33인 중 14인으로 구성된 상무집행위원 등 핵심으로 활동하였다. 박차정이 맡은 일은 출판과 선전 업무. 그는 일신여학교 시절부터 글 솜씨가 뛰어나 학교 교지에 시, 수필 등을 여럿 발표했다.

근우회 활동이 순탄치만은 않았다. 1930년 1월에 발생한 이른바 '근우회 사건'으로 구속되었다. 근우회 사건은 1929년에 발생한 광주학생운동에 이어 서울의 이화·숙명·배화·동덕여고와 경성여자상업, 경성보육학교 등 11개 여학교에서 1월 15일 일제히 동조 시위를 벌인 일을 말한다.

허정숙과 함께 시위 배후인물로 지목돼 체포된 박차정은 서대문경찰서에서 취조를 받았는데 세 차례의 심문 과정에서 모진 고문을 당해 꼬박 한 달이나 치료를 받아야 했다. 이어 1930년 1월에는 부산방직 파업을 주도하다가 동래에서 체포되어 이른바 보안법 및 출판법 위반으로 경성지방법원 검사국에 송치되었으나 병보석으로 석방되었다.

이 일로 일경의 감시가 계속되면서 국내에서 활동하는 데 한계를 느끼게 됐다. 탈출구가 필요했다. 때마침 김원봉의 의열단에서 활동하고 있던 작은 오빠 박문호로부터 중국으로 오라는 연락을 받고 1930년 2월 중국으로 망명하였다(박차정의 두 오빠는 모두 독립운동가 출신으로, 박문호는 고문 후유증 끝에 28살에 순국했다).

의열단에서 박차정은 평생의 배필을 만났다. 상대는 의열단장인 약산 김원봉. 1931년 3월 북경에서 결혼식을 올리고, 이듬해에 남경으로 거처를 옮긴 박차정은 남편과 함께 조선혁명군사정치간부학교 개설에 앞장섰으며, 개교 후에는 여자부 교관으로 교양과 훈련을 담당하였다. 이때부터 임철애(林哲愛)라는 가명을 썼다.

1935년 6월 남경에서 김원봉 주도로 '민족혁명당'이 결성되자 그는 핵심멤버로 활동했다. 지청천 장군의 부인 이성실(李聖實)과 함께 민족혁명당 남경조선부녀회를 결성하고 조선 여성들의 각성과 단결을 호소하기도 했다. 남경조선부녀회의 선언문 한 대목을 보자.

"우리 조선 부녀를 현재 봉건적 노예제도 하에 속박하고 있는
것도 일본 제국주의이고, 또 우리를 민족적으로 박해하고 있
는 것도 일본 제국주의이다. 우리들이 일본 제국주의를 타도
하지 않는다면 우리 부녀는 봉건제도의 속박 식민지적 박해

조선의용대 시절의 박차정.

로부터 해방되지 못한다. 또 일본 제국주의가 타도된다고 하
더라도 조선의 혁명이 정치 경제 사회 등 각 방면에서 진정한
자유 평등의 혁명이 아니라면 우리 부녀는 철저한 해방을 얻
지 못한다."

1937년 7월 중일전쟁이 발발하자 민족혁명당은 그해 11월 조선
민족전선연맹을 창립했다. 국내외 혁명가를 총망라하여 민족통일
전선을 형성하고 중국의 항일전선에 참가하기 위해 만든 단체였
다. 박차정은 당시 장사(長沙)에 머물고 있던 임시정부에 특사로 파
견돼 일제의 침략을 규탄하는 라디오 방송을 하기도 했다.

중일전쟁이 장기화되자 조선민족전선연맹은 1938년 10월 한중
연합작전을 펼 무장 세력으로 조선의용대를 결성하였다. 대장은
김원봉이 맡았는데, 주요 책략으로 전선 및 적후 공작, 동북진출

세 가지를 설정하였다. 이때 박차정은 22명으로 구성된 조선의용대 부녀복무단의 단장을 맡았다.

일제와 전투를 벌이다 총상을 입고

1939년 2월, 조선의용대는 강소성 곤륜산(昆侖山)에서 일본군을 상대로 치열한 전투를 벌였다. 이 전투에 참가했던 박차정은 일본군이 쏜 총탄에 맞아 늑골 부위에 부상을 당했다. 게다가 지병인 관절염까지 겹쳐 결국 해방을 1년 남짓 앞둔 1944년 5월 27일 중경에서 순국했다. 불과 서른 넷이었다.

해방 후 1945년 12월 귀국한 남편 김원봉은 아내의 유골을 자신의 고향인 경남 밀양 감전동 뒷산에 안장하였다. 국립묘지 안장은 차치하고라도 박차정의 묘에는 장삼이사의 묘에도 흔히 있는 상석 하나 없다. '약산 김원봉 장군의 처, 박차정 여사의 묘'라고 쓴 작은 비석 하나가 달랑 세워져 있을 뿐이다.

박차정의 독립유공 공적은 한동안 남한에서는 철저히 외면당했다. 그의 사회주의 사상과 노선 때문이었다. 남편 김원봉의 월북도 하나의 요인이 됐다. 사후 반세기 만인 지난 1995년 광복 50주년을 맞아 건국훈장 독립장(3등급)이 추서됐다.

그러나 의열단장 출신으로 임시정부 군무부장(오늘날 국방부 장관)을 지낸 남편 김원봉은 아직도 서훈 대상에서 제외돼 있다. 건국훈장은 해방 전, 즉 일제하의 항일투쟁 공로에 대한 국가 차원의 예우

남편 김원봉의 고향인 경남 밀양에 있는 박차정의 묘소.

이자 보상이건만 아직도 이념의 잣대가 기준이 되고 있는 것이다.

총을 들고 일제와 정면으로 맞서 싸운 당찬 항일투사 박차정.

그가 저승에서 환히 웃을 날은 언제쯤일까.

9

"대의에 죽는 것이 어미에 대한 효도다"

안중근 의사의 어머니 조마리아

아들아

옥중의 아들아

목숨이 경각인 아들아

칼이든 총이든 당당히 받아라

이 어미 밤새

네 수의 지으며

결코 울지 않았다

사나이 세상에 태어나

조국을 위해 싸우다 죽는 것

그보다 더한 영광 없을 지어니

비굴치 말고

당당히

왜놈 순사들 호령하며 생을 마감하라 (중략)

아들아

옥중의 아들아

목숨이 경각인 아들아

아!

나의 사랑하는 아들 중근아.

_ 이윤옥 시인이 조마리아에게 바친 헌시

그의 아들은 독립군이었다. 이름은 안중근(安重根). 공식 직책은 대한의군(義軍) 참모중장.

안중근은 1909년 10월 26일 만주 하얼빈 역에서 우리 민족의 원수 이토 히로부미(伊藤博文)를 세 발의 총탄으로 처단했다.

거사 후 현장에서 체포된 안중근은 중국 여순(旅順)에 있던 일본 관동도독부 지방법원으로 송치되었다. 1910년 2월 7일부터 총 6회에 걸친 재판 끝에 2월 14일 사형을 선고받았다. 형 집행을 기다리며 옥중에서 『동양평화론』을 집필하던 그는 어머니에게 유서를 겸한 편지 한 장을 보냈다.

"불초한 자식은 감히 한 말씀을 어머님 전에 올리려 합니다.
엎드려 바라옵건대 자식의 막심한 불효와 아침저녁 문안인사
못 드림을 용서하여 주시옵소서.
이 이슬과도 같은 허무한 세상에서 감정에 이기지 못하시고

조마리아.

이 불초자를 너무나 생각해주시니 훗날 영원의 천당에서 만

나 뵈올 것을 바라오며 또 기도하옵나이다……."

얼마 뒤 그에게 소포가 하나 배달됐다. 그 속에는 수의(壽衣)와

편지 한 통이 들어 있었다. 모친 조마리아가 보낸 것이었다. 편지

전문은 다음과 같다.

"네가 만일 늙은 어미보다 먼저 죽은 것을 불효라 생각한다면

이 어미는 웃음거리가 될 것이다.

너의 죽음은 너 한 사람 것이 아니라 조선인 전체의 공분을 짊

어지고 있는 것이다.

네가 공소(항소)를 한다면 그것은 일제에 목숨을 구걸하는 짓

이다.

네가 나라를 위해 이에 이른즉 딴 맘 먹지 말고 죽으라.

옳은 일 하고 받은 형이니 비겁하게 삶을 구걸하지 말고 대의
에 죽는 것이 어미에 대한 효도이다.

어미는 현세에서 너와 재회하기를 기대치 않으니 다음 세상에
는 반드시 선량한 천부의 아들이 되어 이 세상에 나오너라."

사형선고를 받고 목숨이 경각에 달린 아들에 대해 "대의에 따
라 당당히 죽으라."고 쓴 어머니. 아무나 쓸 수 있는 편지가 아니
다. 독립운동가의 어머니다운 당당함과 서릿발 같은 기상이 담겨
있는 편지였다. 편지 내용이 알려지자 세상 사람들은 '그 어머니
에 그 아들'이라며 모자를 칭송하였다. 위대한 사람 뒤에는 항상
위대한 어머니가 계시는 법이랄까.

다만 조 여사의 '편지'를 두고 이견이 있다. 그동안 이 편지는
국가보훈처 공식 블로그 등에서 공공연히 '사실'로 알려져왔다. 그
런데 안중근의사기념사업회는 2015년에 펴낸 '안중근 자료집'을
통해 조 여사의 편지는 구전되는 것일 뿐 기록은 남아 있지 않다
고 주장했다. 편지의 구체적인 내용에는 다소 이견이 있을 수 있
겠으나 편지 자체는 실존했던 것으로 보인다.

봄비 속에 장한 아들을 떠나보내고

1910년 3월 26일.

여순 감옥에는 봄비가 촉촉이 내렸다. 안중근은 모친이 지어 보

낸 수의를 입고 감옥 내 사형장으로 향했다.

오전 10시 정각. 마침내 운명의 시간이 닥쳤다. 얼마 뒤 안중근은 사형장에서 교수형으로 순국하였다. 그의 나이 서른 하나였다. 순국 직전 안중근은 면회 온 두 동생에게 한마디 유언을 남겼다.

"내가 죽은 뒤에 나의 뼈를 하얼빈 공원 곁에 묻어두었다가 우리 국권이 회복되거든 고국으로 반장(返葬, 객지에서 죽은 사람을 그가 살던 곳이나 고향으로 옮겨서 장사 지냄)해다오. 나는 천국에 가서도 또한 마땅히 우리나라의 국권 회복을 위해 힘쓸 것이다. 대한 독립의 소리가 천국에 들려오면 나는 마땅히 춤추며 만세를 부를 것이다."

안중근의 유해는 여순감옥 뒷산에 묻혔다. 그러나 여태 그의 유해를 찾지 못하고 있다. 해방 후 김구 선생이 효창공원에 윤봉길·이봉창·백정기 '3의사(義士) 묘역'을 조성하면서 만든 안 의사의 무덤은 여전히 가묘(빈 무덤)로 남아 있다.

자식을 조국에 바친 여인, 조마리아는 누구인가?

여사의 본명은 조성녀(趙性女, 1862~1927), 1862년 백천 조씨 집안에서 태어나서 일찍이 천주교에 입교하였으며 세례명은 마리아. 그밖의 초기 이력은 자세히 알려져 있지 않다.

조마리아는 흔히 '안중근 의사의 모친' 정도로만 알려져 있다. 그러나 그는 일찍부터 애국활동을 펴온 애국여성이기도 하다. 구한말 항일애국지인 「대한매일신보」 1907년 5월 29일자 4면 광고

순국 직전 모친 조마리아가 지어 보낸 수의 차림의 안중근 의사.

란에 다음과 같은 기사가 실렸다.

"삼화항은금폐지부인회 졔이회의연 안즁근자친 은지환두쌍
넉량닷돈즁은아즉팔지못ㅎ얏습 은투호두기 은장도흔기 은귀
이기두기 은가지셰기 은부젼두기 합십종넉량닷돈즁代金廿원"

현대어로 옮기면 대략 다음과 같다.

"삼화항(三和港, 현 진남포) 은금폐지부인회 제2차 의연(義捐). 안
중근 모친 은가락지 두 쌍 넉 냥 닷 돈은 아직 팔지 못했음. 그
밖에 은투호(노리개) 두 개, 은장도 한 개, 은귀이개(귀후비개) 두

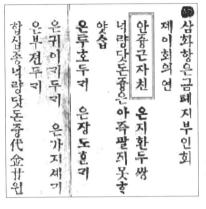

개, 은가지 세 개, 은부전 두 개, 총 10종에 넉 냥 닷 돈. 대금은 20원."

1894년 청일전쟁 무렵부터 일제는 조선에 차관(借款)을 해주었는데 그 액수가 1906년까지 네 차례에 걸쳐 1,150만 원에 달했다. 일제의 차관 공세는 조선 정부와 민간의 경제적 독립을 근본적으로 위협하였다. 이에 민간에서 일본의 차관 굴레에서 벗어나려는 운동이 전개됐는데 이것이 국채보상운동이다.

국채보상운동은 여성들이 항일운동에 나선 계기가 되었다. 이 운동이 처음 일어난 대구의 여성들은 1907년 '패물폐지(佩物廢止)부인회'를 결성했는데 이들은 발기문에서 다음과 같이 밝혔다.

"나라 위하는 마음과 백성 된 도리에는 남녀의 차이가 없는 것인데 거국적인 운동에 부인 참여의 방법을 논하지 않았으

안중근 의사의 가족사진. 아내 김아려가 둘째아들 준생을 안고 있는 모습. 오른쪽에 서 있는 아이는 딸 현생이다.

나, 여자는 나라의 백성이 아니며 화육중일물(化育中一物)이 아닌가? 남자들은 단연(斷煙. 금연)으로 구국 대열에 참여하였는데 반해 우리 여자는 패물 폐지로 참여하였다.”

이를 계기로 서울, 인천, 진주, 제주 등 전국 각지에서 애국 부녀단체들이 속속 생겨났다. 조마리아가 흔쾌히 금품을 내놓은 평안도의 삼화항 은금폐지부인회도 그 가운데 하나다.

조마리아는 당시로선 적잖은 금품을 쾌척했다. 은가락지 두 쌍(넉 냥 닷 돈)은 팔려고 내놨으나 아직 팔지 못했으며, 은투호(노리개) 두 개 등 총 10종에 넉 냥 닷 돈은 팔아서 당시 돈으로 20원을 내놓았다. 당시 형편이 여유가 있었다고는 하나, 돈이 있다고 해서 척척 내놓는 사람은 세상에 그리 많지 않다.

안중근 의사의 모친 조마리아 환갑기념 사진. 1922년에 러시아 연해주에서 찍은 사진이다.

'어머니'를 넘어 '애국여성의 전범'으로

안중근 의사의 하얼빈 의거는 이로부터 2년 반 뒤의 일이다.

1919년 3월 블라디보스토크에서 3·1혁명을 주도한 김인성(金麟聲)이 1922년 동지들과 함께 러시아 연해주에서 조마리아의 회갑연을 베풀었다는 기록이 있다. 이런 사실로 미루어보건대 그 무렵 조마리아는 일제의 검거를 피해 러시아에 잠시 머물렀던 것으로 보인다.

1920년대 중반 무렵, 조마리아는 마침내 상해로 망명했다. 「동아일보」, 「독립신문」 등의 보도에 따르면 조마리아는 1926년 7월 19일 상해 삼일당(三一堂)에서 개최된 '대한민국 임시정부 경제후원회' 창립총회에서 임원으로 선출되었다.

그 무렵 임시정부는 "행정상 가장 필요한 사업비는 차치하더라도 경상비까지 여유가 없을" 정도로 재정이 매우 열악한 상황이었다. 이에 안창호, 태희창(泰熙昌) 등 상해 거류 10여 명의 명망가

上海假政府
經濟後援會

◇지난십구일에창립총회

지난십구일에주국상해(上海)에
있는남녀동포이백여명이 상해
삼일당(三一堂)에모혀상해가정
부경제후원회(上海假政府經濟
後援會)창립총회를 개최하고上
사업진행에 대한여러가지 사항
을결의한후 다유과가튼 위원을
선거하얏다더라.(상해통신)

◇正委員
鄭마리아
安昌浩
賴尚燮
秦熙昌
金壽玉
河相鱗

◇後補委員
宋秉祚
金鍾商
吳光一
徐太
朴昌

宇

◇會計檢査委員
任弼殷
廉溫東

李裕弼
朴昌

'대한민국임시정부 경제후원회' 창립총회 관련
1926년 7월 28일자 「동아일보」 기사.

들이 나서서 "민중이 중심이 된 후원단체를 조직하여 정부의 경
제적 기초를 공고하게 할 목적"으로 이 단체를 창립하였다.

창립총회에 앞서 7월 9일 열린 연설대회에는 상해 거류 조선동
포 108명이 참석했다. 2시간여에 걸친 도산의 연설에 이어 이들은
즉석에서 발기준비회를 열어 임시주석에 안창호를 임명했다. 이날
모임에서 조마리아는 15인의 준비위원 가운데 한 사람으로 뽑혔
다. 준비위원 가운데는 조마리아 말고도 여성이 한 명 더 있었는
데 김규식의 부인 김순애였다.

7월 19일 열린 총회 임원 선거에서 위원장에는 안창호, 서무위
원 조상섭, 재무위원 태창희, 그리고 위원으로는 조마리아, 김순애
등 6명이 선출됐다.

여사는 천금보다 귀한 아들을 조국에 바쳤다. 또한 구한말 나라
가 빚에 허덕이자 소중히 간직해오던 패물 여럿을 기꺼이 내놓았

으며, 임시정부의 재정이 어렵다는 소리를 듣고 망명지 상해에서 안창호와 함께 재정후원회를 결성해 적극 도왔다. 일생을 통해 '어머니의 삶'보다는 '애국여성의 전범(典範)'을 보인 위대한 여성이었다.

조마리아는 1927년 7월 상하이에서 별세했다. 유해는 프랑스 조계 내의 외국인묘지 징안쓰 만국공묘에 묻혔는데 묘지는 이후 도시개발로 사라졌다. 1950년대 말 홍콩에서 발행되는 「사우스 차이나 모닝포스트」에 상하이 시정부의 광고가 실렸는데 외국인 유족들에게 징안쓰 만국공묘 이전을 요청하는 내용이었다. 김자동 대한민국임시정부기념사업회 회장에 따르면, 당시 상하이 교민회가 주동이 돼 묘지 내의 항일지사 유골을 화장해 쉬자후이 만국공묘(현 쑹칭링 능원)로 이장했는데 조마리아를 포함해 항일지사 몇 분의 유해는 빠뜨렸다고 한다.

2008년 정부는 조마리아에게 건국훈장 애족장(5등급)을 추서했다. 그러나 조마리아의 유해는 아들 중근처럼 여태 소재가 파악되지 않고 있다. 오늘도 이들 모자(母子)는 이국땅에서 고혼(孤魂)으로 떠돌고 있다.

10

33살 임산부,
일제의 품에 폭탄을 안기다

임신한 몸으로 평남도청에 폭탄 던진 안경신

콰쾅!

1920년 8월 3일 밤, 고요히 잠든 평양 시내에 천지를 울리는 굉음이 울려 퍼졌다. 평안남도 도청 청사에 폭탄이 터진 것이다. 이 폭발로 청사 일부가 파괴되고 청사를 지키던 일경 2명이 현장에서 폭사하였다.

폭탄 거사의 주인공은 대한광복군 총영 소속 청년들이었다. 대한광복군 총영은 중국 동삼성 지역에서 흩어져 활동하던 여러 항일투쟁 단체들을 하나로 통합한 항일무장단체로, 조선총독부 등 일제 통치기관 폭파 및 총독부 요인 처단이 주요 임무였다.

1920년 8월 미국 상하 의원단 100여 명이 동양 시찰차 중국을 들러 일본으로 가는 길에 조선(한국)을 방문할 계획이었다. 이 정보를 입수한 총영은 한국 독립의 당위성을 세계에 널리 알릴 좋은 기회라고 판단하고 폭탄 거사를 계획했다. 점찍은 거사 장소는 서울, 평양, 신의주 등 세 곳이었다.

거사에 앞서 결사대가 꾸려졌다. 제1대(서울)는 김영철, 김성택, 김최명, 제2대(평양)는 장덕진, 박태열, 문일민, 우덕선, 안경신, 제3대(신의주)는 이학필, 임용일, 김응식 등이었다. 이들 가운데 자그마한 몸집의 여성대원이 한 명 끼어 있었으니 제2대에 속한 안경신. 당시 33살로, 임신한 몸이었다.

조선이 독립할 길은 오직 무력투쟁뿐

1888년 평안남도 대동에서 태어난 안경신(安敬信, 1888~?)은 독실한 기독교인으로 평양여고 2년 과정을 수료했다. 1919년 3·1혁명이 일어나자 평양 서소문 지역의 만세 의거에 참여했다가 일본 경찰에 체포돼 29일간 유치장에 구금되었다.

3·1혁명을 계기로 국내에 다양한 항일독립운동단체가 생겨났다. 평양에 본부를 둔 대한애국부인회도 그중 하나였다. 안경신은 이곳에서 모은 군자금을 상해 임시정부로 전달하는 교통부원으로 활동하였다. 당시 대한애국부인회 본부에서 모은 군자금은 2,400원. 쌀 한 가마니에 1원 하던 시절이니 엄청난 거액이었다.

그러나 오래지 않아 조직이 발각되어 더 이상 활동을 할 수 없게 되자 안경신은 중국으로 몸을 피했다. 평소 안경신은 외교 청원(請願) 같은 평화적인 방법으로는 독립이 불가능하며, 조선이 독립할 길은 오직 무력투쟁뿐이라고 결론 내리고 있었다. 대한광복군 총영에 몸담은 것도, 폭탄 투척 거사에 자원한 것도 모두 평소의 소신 때문이었다.

"나는 일제 침략자를 놀라게 해서 그들을 섬나라로 철수시킬 수 있는 방법이 무엇인가를 곰곰이 생각해보았다. 그것은 곧 무력적인 응징, 즉 투탄(投彈), 자살(刺殺), 사살(射殺) 같은 일회적 효과가 크게 주효할 것으로 믿고 있다."

안경신이 속한 제2대는 의용단 평양지단(支團)과 함께 평양 시내의 일제 통치기관을 폭파하기로 돼 있었다.

음력 5월 하순.

제2대는 광복군 총영을 출발하여 압록강을 건넜다. 국내로 잠입하던 중 이들은 평남 안주에서 검문검색을 하던 일경 1명을 사살하고 8월 1일에는 평양성 잠입에 성공했다. 폭탄 운반 임무를 맡은 안경신은 치마 속에 폭탄을 숨겨 평양까지 무사히 폭탄을 들여왔다.

8월 3일 밤 9시 30분 무렵, 의용단과 제2대 대원들은 각오를 단단히 하고 거사에 나섰다. 당연히 안경신도 함께였다. 모두 3개조로 나누어 거사를 전개하였는데 제1조의 목표물은 평남도청이었다. 의용단원 김예진과 숭실중학교 2학년 김효록(17살)이 평남도청에 폭탄을 던졌으나 아쉽게도 불발이었다.

안경신 등이 폭탄 투척 대상으로 삼았던 평양경찰서.

　2차로 제2대 대원 문일민과 우덕선이 폭탄 투척에 나섰다. 이번에는 성공이었다. 청사 내 신축 건물인 평남경찰부 담장이 무너지고 유리창이 부서졌다. 청사 경비를 서고 있던 일경 2명도 현장에서 폭사하였다. 그만하면 큰 성과를 거둔 것이었다.

　다음은 제2조 차례.

　장덕진, 박태열, 안경신 등 세 사람이 나섰다. 목표물은 악명 높은 평양경찰서였다.

　어둠을 틈타 비밀리에 평양경찰서 앞에 도착한 그들은 곧바로 폭탄을 꺼내 도화선에 불을 붙였으나 안타깝게도 불이 붙지 않았다. 도화선이 빗물에 젖어버린 때문이었다. 이리하여 평양경찰서 폭파는 미수에 그치고 말았다. 평양부청(오늘날 시청)에 폭탄을 던진 제3조 역시 폭탄이 불발돼 실패하였다.

　평양경찰서 폭파에 실패한 제2조의 박태열과 장덕진은 황해도 해주로 가서 동양척식주식회사를 폭파하려 했다. 그러나 경계가 삼엄해 거사에 실패한 후 서간도로 돌아갔다. 평남경찰부에 폭탄을 던진 문일민과 우덕선도 무사히 압록강을 건너 귀환하였다.

그러나 안경신은 이들과 동행하지 못했다. 임신한 몸 때문이었다. 거사에 실패하고 대동강 근처 참외밭 원두막으로 피신해 꼬박 하룻밤을 지낸 안경신은 이튿날 아침 기자림에서 문현철을 만나 폭탄 1개를 건네받아 다시 한 번 기회를 노렸다. 그러나 평남도청 폭파 사건 후 경비가 강화돼 끝내 실행에 옮기지 못하고 함경남도 이원군 남면 호상리 최용주(30)의 집으로 피신했다.

"강렬한 폭음과 함께 살고 죽겠다"

안경신이 체포된 것은 도피생활 7개월째인 이듬해 1921년 3월 20일, 피신처에서 아기를 낳은 지 2주도 채 지나지 않았을 때였다. 평양경찰서 고등계 형사들에게 체포된 그는 원산을 거쳐 3월 26일 평양지방법원 검사국으로 호송되었다. 품에는 태어난 지 12일 정도 된 핏덩이가 안겨 있었다.

6월 6일 열린 1심 재판에서 판사는 검사의 구형대로 사형을 선고했다. 안경신이 사형선고를 받았다는 소식이 전해지자 상해 임시정부는 '안경신은 평남도청 폭파 사건과 무관하다'는 내용의 투서를 총독부에 제출했다. 항소심에서 10년형으로 감형됐는데 그는 법정에서 "조선 사람이 조선 독립운동을 하여 잘살겠다고 하

'여자 폭탄범' 안경신의 사형선고 소식을 보도한 「동아일보」 1921년 6월 12일자 기사.

는 것이 무슨 죄냐?"며 자신을 당장 석방하라고 불호령을 내렸다고 한다.

형무소 안에서도 독립 만세를 부르며 "아녀자라고 어찌 나라 잃은 설움이 없으리까? 조국이 있으매 내가 있으리니 대한의 여성들이여, 주저 말고 분기하라! 분기하라!"고 외쳤다고 전한다.

1927년, 감옥살이 6년 만에 가출옥으로 석방된 안경신은 한달음에 평양 신양리에 살고 있던 오빠 안세균의 집으로 달려갔으나 그를 기다리고 있던 것은 온통 비보(悲報)들뿐이었다.

그가 평양 감옥에 수감된 지 채 석 달이 못 돼 모친이 세상을 떠났다. 출생 직후 감옥에서 함께 지낸 아들은 감옥에서 제대로 영양을 섭취하지 못한 탓에 눈을 뜨지 못해 시각장애인이 돼 있었다. 게다가 평양경찰서 폭파 거사에 함께했던 동지 장덕진마저 세상을 떠난 뒤였다. 안경신은 그때의 심경을 한 언론과의 인터뷰에서 이렇게 술회했다.

"어머니는 돌아가셨고 자식은 병신이오니 어느 것이 서럽지
않겠습니까마는 동지 장덕진 씨의 비명을 듣고는 눈물이 앞
을 가리어 세상이 모두 원수같이 생각됩니다."

여성 독립운동가 가운데는 남자현 의사처럼 항일무장투쟁에 나
선 이가 전혀 없지는 않다. 그러나 폭탄 투척 거사와 같은, 남성
의·열사들도 함부로 결단하기 어려운 일에 나선 여성 투사는 안
경신이 유일하다. 거사 직후 언론은 그를 두고 '여자 폭탄범'이라
며 대대적으로 보도했다. 그의 동지 최매지(崔梅智)는 이렇게 증언
했다.

"독립투쟁가가 많이 있고 여성 투쟁가도 수없이 있다. 그러나
안경신같이 시종일관 무력적 투쟁에 앞장서서 강렬한 폭음과
함께 살고 죽겠다는 야멸찬 친구는 처음 보았다."

동지들의 증언에 따르면, 안경신은 몸집도 작고 외모도 보잘것
없었으나 내면의 세계가 알차고 강인한 투쟁정신으로 일관돼 있
었다고 한다. 여성의 몸으로, 그것도 임신까지 한 몸을 이끌고 폭
탄을 들고 일제 침략기관 폭파에 나섰다는 것은 아무나 흉내 낼
수 있는 일이 아니다. 기꺼이 목숨을 버리겠다는 각오 없이는 할
수 없는 일이다.
그러나 안타깝게도 우리는 출옥 후 안경신의 행적을 알지 못한
다. 핏덩이를 안고 형무소로 끌려간 그가 출옥한 후 언제, 어디서

◇사형선고를바든녀자안경신

여성 독립운동가 중에서 유일하게 폭탄 투척 거사에
나선 안경신. 그러나 이 담대한 여성의 최후를 우리는
알지 못한다.

어떻게 생을 마쳤는지 정확한 사망연도조차 알지 못한다. 그의 남
편이나 앞을 보지 못하는 아들 등 가족들의 생사도 모르기는 마
찬가지다.

1962년 3·1절을 맞아 정부는 안경신에게 건국훈장 국민장(현 독
립장, 3등급)을 추서했다. 독립유공자로 서훈을 받았지만 유족을 찾지
못해 여태 국가보훈처가 훈장을 보관하고 있다.

임신한 몸으로 폭탄 거사에 나선 담대한 여성투사 안경신. 그의
영전에 뒤늦은 훈장을 바칠 날은 언제일까?

11

"비행기를 몰고 가서
일본 왕궁을 폭격하리라"

대한민국 최초의 여성 비행사 권기옥

1917년 5월, 서울 여의도 비행장에서 미국인 곡예비행사 아트 스미스(Art Smith)가 곡예비행을 선보였다. 푸른 하늘을 두 날개를 펼치고 훨훨 나는 '신기한 물건'에 당시 여학교에 다니고 있던 16살 소녀는 마음을 빼앗겼다. 이를 계기로 소녀는 비행사가 되기로 마음먹었다. 비행사의 꿈을 품은 소녀는 항공학교에 입학했고 "비행사가 되어 일본으로 폭탄을 안고 날아가리라."라는 비장한 각오를 다졌다.

권기옥(權基玉, 1901~1988).

그의 이름 앞에는 언제나 '한국 최초의 여성 비행사'라는 수식어가 따라다닌다. 이 땅에서 여성으로는 처음으로 비행기를 몰고 하늘을 날았기 때문이다. 권기옥은 반평생을 비행사로 살았는데 그가 본 비행기는 민간 항공기가 아니라 공군 전투기였다. 일제시대를 살았던 권기옥에게는 그것이 곧 독립운동이었다.

1901년 평양에서 태어난 권기옥은 놀기 좋아하던 부친 때문에 어린 시절을 가난하게 보냈다. 4살 무렵에는 온 식구가 남의 집 문간방살이를 했으며, 11살 때는 은단공장에 취직하여 집안 살림을 도와야 했다. 이런 탓에 12살이 돼서야 겨우 교회에서 운영하던 숭현소학교에 입학하였다.

소학교를 졸업한 권기옥은 숭의여학교 3학년에 편입했는데 이것이 그의 인생에서 하나의 전환점이 됐다. 이 학교는 미국 북장로교 선교사 모펫이 1903년 평양에 세운 기독교 중등교육기관이었다. 일제 때 숭의여학교는 숭실전문학교, 숭실중학교와 더불어 이른바 평양의 '3숭(崇)'으로 불리던, 민족 주체의식이 강한 학교였다. 이 학교의 교사와 졸업생과 재학생들은 1913년 9월 송죽회(松竹結社대)라는 비밀결사 조직을 만들어 항일 활동을 했는데 권기옥도 이 단체 회원이었다.

한밤중에 멸치잡이 배에 숨어 상해로 탈출하다

1919년 3·1혁명 직전 권기옥은 수학교사인 박현숙의 지도 아래 다른 학생들과 함께 태극기를 만들고 애국가 가사를 등사하는 등 만세 시위를 준비했다. 그리고 3월 1일 숭덕학교 만세 시위에 참가했으며, 3월 4일에도 만세를 부르다 일경에 붙잡혀 3주 동안

유치장 신세를 지기도 했다.

유치장에서 풀려난 권기옥은 본격적으로 항일투쟁에 나섰다. 상해 임시정부 연락원인 임득삼 등과 함께 독립운동 자금 모금을 위해 임시정부에서 발행한 공채(公債) 판매에 나섰다. 모교 학생들을 상대로 독립운동 자금도 모금했는데 학생들은 머리카락을 잘라 판 돈이나 어머니의 패물을 판 돈을 내놓기도 했다. 독립운동가를 돕는 일도 마다하지 않았다. 하루는 평양청년회를 조직해 활동하고 있던 김재덕(金在德)이 찾아와 긴요한 부탁을 했다.

"평양 근교 30리 밖에 있는 과수원에 가서 권총을 찾아다 갖다 달라."

이 일은 권기옥의 동생 권기복이 맡아서 잘 처리해주었다. 그런데 문제가 터졌다. 김재덕이 권총 발사 실험을 하다가 오발 사고를 낸 것이 말썽이 돼 김재덕과 함께 부탁을 들어준 권기옥도 구속되었다. 조사 과정에서 권기옥은 유치장 천정에 매달려 물고문을 당하는 등 혹독한 고문을 당했다. 그리고 징역 6월의 실형을 받고 감옥살이를 했다.

출옥한 권기옥의 앞에는 '새 임무'가 기다리고 있었다. 광복군총영 소속의 문일민(文一民)이 평남도청 폭파 거사를 도와달라고 한 것이었다. 권기옥은 모교인 숭현소학교 수위의 도움으로 학교 지하실 석탄창고에 숨어서 문일민 등과 함께 폭탄을 제조하였다. 이 거사는 성공했다. 청사 담장이 무너지고 일경 2명이 현장에서 폭사하였다.

당시 평양 숭실중학교에는 밴드를 앞세운 전도대(傳道隊)가 있었

기독여자전도대의 활동상을 보도한 「동아일보」 1920년 6월 13일자 기사.

다. 권기옥은 동지들과 함께 '기독여자전도대'를 조직하여 전도를 가장해 전국을 돌며 순회강연을 하였다. 그러나 이내 실체가 드러 났고 연사로 활동하고 있던 권기옥은 일경에 붙잡혀 곤욕을 치렀 다. 이후 일경의 감시가 심해지고 탄압이 가중되자 결국 몸을 피 할 수밖에 없었다.

"비행사가 되어 일본으로 폭탄을 안고 가리라"

1920년 9월, 권기옥은 마침내 중국 망명길에 올랐다. 야심한 밤 을 틈타 발동기가 없는 멸치잡이 배에 숨어 상해로 탈출하였다. 상해에 도착해서는 임시정부 의정원(오늘날 국회) 손정도(孫貞道) 의장 집에 한동안 기거하다 김규식의 부인 김순애의 소개로 남경으로 가서 미국인 선교사가 경영하는 홍도(弘道)여자중학교에 입학했다.

1924년 7월 5일 권기옥이 운남항공학교에서 첫 단독비행에 성공한 직후 찍은 기념사진.

    1923년 우수한 성적으로 홍도여중을 졸업한 권기옥은 임시정부의 추천을 받아 그해 4월 운남(雲南)육군항공학교 제1기생으로 입학하였다. 왜 머나먼 운남까지 가야 했을까? 당시 임정에는 비행사는커녕, 비행기 한 대도 없었다. 비행사가 되려면 중국의 비행학교에 입학해야 했다. 중국에는 군벌들이 세운 4개의 비행학교가 있었는데, 두 군데(보정항공학교와 남원항공학교) 항공학교에서는 여자를 받지 않았고, 손문이 세운 광동항공학교에는 비행기가 없었다. 마지막 희망은 머나먼 운남성에 자리한 운남항공학교뿐이었다.

    '운남으로 가자!'

    권기옥은 임시정부의 이시영이 써준 추천서를 품 안에 넣고 비적들이 들끓는 광활한 중국 대륙을 가로질러 한 달이나 걸려서 운남성 곤명에 도착한다. 그리고 추천서 한 장 달랑 들고 운남성장인 당계요를 찾아갔다. 비행사가 되겠다는 일념 하나로 머나먼

권기옥이 남경에서 공산당 활동 혐의
로 체포된 사실을 보도한 「중외일보」
1928년 5월 25일자 기사.

운남까지 찾아왔다는 당찬 조선 처녀의 피 끓는 애국심은 당계요
의 마음을 움직였고, 권기옥은 극적으로 입학을 허락받았다.

당시 운남육군항공학교는 프랑스제 비행기 20대를 구입하여 프
랑스 교관 2명을 초빙하여 학생들을 지도했다. 권기옥은 기초이론
과 지상 실습교육을 받은 다음 꼬드롱 쌍엽(雙葉) 훈련기를 처음
탔다. 그리고 무사히 시험비행을 마쳤다. 마침내 꿈에도 그리던
비행사가 된 것이다. 한국 최초의 여성 비행사가 탄생한 감격적인
순간이었다.

조선인 여성 조종사가 탄생했다는 소식이 언론보도를 통해 알
려지자 일본 관헌들은 권기옥을 주목하기 시작했다. 학생 때부터
항일투쟁을 벌인 경력 때문이었다. 실제로 권기옥은 어릴 때부터
"비행사가 되어 일본으로 폭탄을 안고 날아가리라."고 작심했다.

일제는 한국인 청년을 매수하여 권기옥을 암살하려고 하였다.

1935년 중국 선전비행을 준비하던 무렵의 권기옥(왼쪽 두 번째). 오른쪽 세 번째 여성은 중국 최초의 여자 비행사인 이월화다.

이런 사실을 알게 된 그는 항공학교 입학동기생이자 같은 조선인 비행사인 이영무, 장지일 등과 함께 청년을 공동묘지로 유인하여 처단하였다. 이 일로 일제는 권기옥을 만나기만 하면 사살하겠다고 통보해 그 후 학교 안에서만 지냈다.

여성 공군 대령, 그리고 7,000시간의 비행

1925년 3월, 2년여의 항공학교 교육과정을 마치고 임시정부로 복귀했으나 당장 권기옥에게 임무가 떨어지지는 않았다. 당시 임

1935년 중국 선전비행을 준비하던 무렵의 권기옥.

시정부에는 전투기는커녕 정식 군대조차 없었기 때문이다. 할 수 없이 권기옥은 비행기를 갖고 있는 중국군에 몸을 담았다.

임시정부의 소개로 풍옥상(馮玉祥) 휘하 중국 공군에 입대한 권기옥은 한국 최초의 여류비행사로 활동했다. 1927년 장개석(蔣介石) 총통의 북벌(北伐) 때 동로(東路)항공사령부에 소속돼 최용덕과 함께 참여하는 등 10여 년 동안 중국 공군에서 복무했다. 공군 대령까지 진급했는데 무려 7,000여 시간의 비행시간을 기록했다.

한편 권기옥은 1928년 5월에 남경에서 일본 경찰에 체포되었다. 당시 국내언론 보도에 따르면, 그는 임시정부 경무국장 출신인 손두환(孫斗煥)과 함께 남경에서 공산당 활동 혐의로 체포돼 원적지 평양으로 호송을 앞두고 있었다. 그런데 다행히도 중국인의 주선으로 무죄로 풀려났다.

그해에 권기옥은 풍옥상 부대에 근무하고 있던 이상정(李相定)과

남편 이상정 장군(오른쪽), 시동생 이상화 시인과 함께.

결혼했다. 이상정은 저항시 '빼앗긴 들에도 봄은 오는가'를 쓴 시인 이상화의 친형으로, 1926년부터 풍옥상의 서북국민부대에서 준장급 참모로 근무하고 있었다. 나중에 이 부대가 장개석 부대와 통합되자 이상정은 국민정부의 정규군 소장으로 항일전선에서 활동하였다.

1937년 7월 중일전쟁이 발발하자 권기옥은 국민정부의 피난 명령에 따라 11월에 남경을 출발하여 이듬해 3월 중경에 도착했다. 이후 중경 국민정부의 육군참모학교 교관으로 임명돼 영어, 일어와 함께 일본인 식별법, 일본인의 성격 등에 대해 가르쳤다. 당시 임국영(林國英)이라는 가명으로 활동했다.

그 무렵 중경에는 임시정부가 자리를 잡고 활동했다. 1943년 권기옥은 임시정부 직할로 김순애, 방순희 등과 함께 한국애국부인회를 재조직하고 사교부장(社交部長)을 맡았다.

광복 3년 뒤인 1948년 8월에 그리운 고국에 돌아온 권기옥은 1950년에서 1955년까지 국회 국방위원회 전문위원을 지냈으며 한국 공군 창설에도 기여하였다.

비행사가 꿈이었던 소녀.

그 꿈을 이루고 일생을 조국 독립을 위해 몸 바친 그녀는 서울 장충동 소재 낡은 목조건물 2층 마루방에서 1988년 87살로 생을 마감했다. 1977년 건국훈장 독립장이 수여됐으며, 현재 동작동 국립묘지 애국지사 묘역에 잠들어 있다.

'소녀'는 오늘도 광복된 조국의 푸른 하늘을 마음껏 날고 있을 것이다.

12

우뭇가사리 부정 판매,
해녀들 빗창 들다

일제의 수탈에 맞서 일경 파출소 습격한 제주 해녀 부춘화

일제하 항일투쟁은 육지에 한정되지 않았다. 바다와 섬에서도 있었다. 대표적인 것이 제주에서 일제의 수탈정책에 맞서 전개된 수백 명이 참가한 대규모 항일투쟁이었다. 주인공들은 거친 파도와 싸우며 물질을 하던 잠녀(潛女), 즉 해녀들이었다.

소라며 전복, 해삼을 따다가 때론 물 위로 올라와 '호오이~' '호오이~' 숨비소리를 내며 평화롭게 물질을 하던 해녀들. 그들이 빗창(전복 채취에 쓰는 쇠갈고리)을 들고 주재소(오늘날 파출소)를 습격하는 등 무력 항일투쟁에 나선 이유는 무엇일까.

예나 지금이나 해녀들은 '힘없고 가진 것 없는 사람들' 축에 속한다. 몸뚱이 하나가 전 재산인 사람들이다. 일제는 그런 해녀들이 힘들게 채취한 수산물들을 어용 어업조합을 통해 빼앗아가곤

하도 사립보통학교 제1회 졸업사진. 제주 해녀 항일운동을 대표하는 5인이 이곳 졸업생
이다. 맨 윗줄 왼쪽부터 홍문봉, 부춘화, 김봉혁, 김옥련, 송순옥, 부덕량, 고순효.

했다. 조합 서기와 일본인 상인들이 짜고 무게를 속이거나 가격을
후려쳐서 헐값에 수매하기가 예사였다. 연약한 해녀들을 얕본 때
문이었다.

1908년 구좌읍 하도리에서 태어난 부춘화(夫春花, 1908~1995)는 15
살 때부터 물질을 배웠다. 낮에는 바다에 나가 물질을 하고 밤이
면 하도 사립보통학교 야학부에서 자주정신과 민족의식 교육을
받았다. 21살 되던 1928년 제주도 해녀조합(어업조합 전신) 산하 조직
인 구좌면 해녀 대표로 선임되어 해녀회장으로 활동하였다.

1931년 5월 제주도사(島司, 오늘날 도지사)가 실권을 장악하고 있던
어용 해녀조합은 해녀들이 채취한 해산물을 일본인 주재원으로
하여금 일괄 수납시켜 헐값에 강탈하였다. 게다가 물질을 못하는
어린아이나 할망(할머니)들한테도 조합비를 받아갔다. 여기에다 입

어료, 소개비 등을 다 떼고 나면 해녀 몫은 2할 정도밖에 되지 않았다. 이에 부춘화 등은 여러 차례 부당 행위를 중단할 것을 건의하였으나 조합 측은 들은 척도 하지 않았다.

우뭇가사리 부정 판매, 해녀들 분노 폭발

해녀조합의 어용화로 인한 횡포가 날로 심해가는 가운데 1930년 성산포에서 '우뭇가사리 부정판매사건'이 발생했다. 경매입찰을 통해 근당 20전에 낙찰된 우뭇가사리를 조합 서기가 상인들과 결탁하여 18전으로 내려버린 사건이었다. 이는 당시 시세의 절반도 되지 않는 가격이었다. 이에 격분한 현재성 등이 항의하러 갔다가 오히려 경찰에 체포되어 29일 간 구류를 살자 지역 청년들과 해녀들의 분노가 들끓기 시작했다. 이 사건을 계기로 해녀들은 자생적 해녀회를 조직해나갔다.

문제 해결은 결국 해녀들이 직접 나설 수밖에 없었다. 선봉에 선 사람은 부춘화를 비롯해 김옥련, 부덕량, 고순효, 김계석 등 해녀 5인이었다. 당시 하도리에는 부인회, 소녀회 등의 여성 단체가 조직돼 있었는데 부인회장은 부춘화, 소녀회장은 김옥련이 맡고 있었다. 1931년 여름, 구좌면 해녀들은 9개항의 요구를 담은 진정서를 작성해 항쟁에 나서기로 결정했다.

1932년 1월 7일 제주시 구좌면의 하도리·세화리·종달리·연평리와 정의면의 오조리·시흥리 등 6개 마을에 거주하던 해녀

1930년대에 물질을 나가기 전에 해녀들이 회의를 하는 모습.

1,000여 명은 하도리에서 세화리 장터까지 시위를 벌이며 행진했다. 이들은 해녀조합의 부당한 처사에 항의하면서 요구조건이 받아들여지지 않을 경우 2차 시위에 들어가겠다고 경고했다.

D데이는 1월 12일, 세화리 오일장날로 잡았다. 마침 이날 신임 다구치 데이키(田口禎熹) 제주도사가 연두순시차 세화리를 들른다는 정보를 입수했다. 부춘화는 김옥련, 부덕량과 거사를 계획했다. 이들은 세화리 인근 해녀 1,000여 명을 소집하여 해녀 작업복 차림으로 무장하여 다구치 도사의 길을 막고 대대적인 항의 시위를 벌이기로 했다.

다구치가 탄 차가 장터에 도착하자 300여 명의 해녀들이 빗창과 호미를 들고 차를 막아섰다. 그리고 구호를 외치기 시작했다.

"우리들의 진정서에 아무런 회답이 없는 것은 무슨 까닭이냐?"

"우리를 착취하는 일본 상인들을 몰아내라!"

"해녀조합은 해녀의 권익을 옹호하라!"

구호를 외치는 한편으로 '해녀의 노래'를 합창했다. 해녀들의 시위를 제지하기 위해 일본 순사들이 칼을 휘두르며 맞서자 이들은 되레 큰 소리로 외쳤다.

"우리한테 칼을 들이대면 겁먹을 줄 아느냐? 우리는 죽을 각오로 나왔다. 어디 할 테면 한번 해보라!"

생전 처음 보는 제주 해녀들의 대규모 집단시위에 일제는 겁을 먹었다. 무엇보다도 타 지역으로 확산되는 것을 차단하는 것이 시급했다. 급기야 목포 응원경찰대를 동원하여 세화장터 시위 배후세력 검거에 나섰다. 일경은 1월 24일 아침 해녀들의 야학교사 청년들을 모두 잡아갔다. 해녀들을 의식화시킨 주범이라고 여긴 것이다.

선생님들이 잡혀갔다는 소식을 들은 해녀들도 가만히 있지 않았다. 제주 지역 해녀들이 하나둘 모여들기 시작했다. 1월 26일자 「동아일보」 기사에 따르면, 그 수가 무려 500여 명에 달했다. 빗창 등으로 무장한 부춘화 등은 구좌면 세화리 순사 주재소(파출소)를 습격하여 주재소 건물을 박살냈다. 어떤 해녀는 순사의 모자를 빼앗고 제복을 찢기도 하였다. 이날 충돌로 일경 1명이 부상하고 해녀들도 여럿 다쳤다. 이때 부춘화 등 해녀 주동자 20여 명도 현장에서 체포되었는데 이들은 물고문을 당하기도 했다.

사태가 악화되자 일경은 제주 도내 전 경찰을 소집하는 한편 전남경찰부로 지원군을 요청했다. 그날 밤 11시 목포에서 경비선

제주 해녀 500여 명이 세화리 주재소를 습격한 사실을 보도한 「동 아일보」 1932년 1월 26일자 기사.

을 타고 일경 32명이 제주로 향했다. 일경은 우도(牛島)로 피신한 나머지 주동자들을 검거해 우도 선창에서 배에 태워 압송하려 했 다. 그러자 800여 명이나 되는 해녀들이 다시 우르르 부둣가로 몰 려나왔다. 구출작전에 나선 것이다. 이들은 단체로 부둣가 물속으 로 들어가 일경이 탄 배가 떠나지 못하도록 마구 흔들어댔다. 그 때였다.

땅! 땅! 땅!

일경들이 해녀들을 향해 공포탄 14발을 쏴댔다. 배가 기우뚱거 리며 위험한 상황이 됐기 때문이다. 총소리에 놀란 해녀들은 그제

일제의 수탈에 맞서 떨쳐 일어난 해녀 부춘화.

야 뒤로 물러섰다. 자신들을 지도해준 야학 교사들을 구해내기 위해 제주 해녀들은 위험을 무릅쓰고 몸을 던졌다.

"모든 것은 나 혼자 했소"

일경에 체포된 부춘화는 해녀들의 희생을 줄이기 위해 "모든 것은 내가 단독으로 주도하였다"며 혼자 '죄'를 뒤집어썼다. 그는 목포경찰서 유치장에 구금돼 온갖 고문을 당했다. 부춘화와 함께 거사를 준비했던 하도리 소녀회장 김옥련, 부덕량 등도 체포돼 6개월간 옥고를 치렀다.

일제의 식민지 수탈정책에 항거한 제주해녀 항일투쟁은 1918년 법정사(法井寺) 항일투쟁, 1919년 조천 만세운동과 함께 제주도 3대 항일운동으로 꼽힌다. 바다 노동자인 해녀들의 생존권 투쟁이자 민족의 현실에 대한 울분이 뒤엉켜 발생한 제주 해녀항쟁은 국내

제주시 구좌읍 상도리 일명 연두막 동산에 세워진 제주 해녀 항일운동 기념탑.

최대의 여성 주도 항일투쟁이라는 점에서 역사적 의미가 매우 크다. 단일 여성단체의 투쟁으로서는 세계적으로도 유례를 찾기 힘들 정도로 규모가 크고 또한 성공적이었다.

제주 해녀 항일투쟁은 1931년 여름부터 이듬해 봄까지 연인원 1만 7,130명이 참가해 238회의 집회와 시위를 벌였다. 제주 전역이 들썩거린 이 거사는 국내 최대의 어민항쟁으로도 불린다. 그러나 이들의 항일투쟁 공적은 70여 년이 넘도록 학계와 보훈당국으로부터 외면당했다가 참여정부 때인 2003년부터 항쟁의 주역인 부춘화 등 3명이 차례로 건국훈장을 추서받았다(2003년 부춘화·김옥련, 2005년 부덕량).

이들의 항일투쟁이 너무나 늦게 인정받은 이유는 부춘화 등 주동자들이 '사회주의 색채'를 띠었다는 것이었다. 이들은 사회주의 운동가 강관순(姜寬順) 등이 조직한 항일 비밀결사체인 '혁우(革友)동맹'과 인연을 맺고 있었다. '육지에서는 유관순, 제주에서는 강관순'으로 불린 강관순은 제주 해녀항쟁을 배후에서 도왔다. 이 일로 일경에 체포된 강관순은 치안유지법 위반으로 징역 2년 6개월을 선고받고 옥살이를 했다(강관순은 2005년 건국훈장 애족장 추서).

문학적 재능이 뛰어났던 강관순은 옥중에서 '해녀의 노래'를 작사했다. 이 노래는 해녀들의 삶과 애환을 잘 표현하고 있어서 우도뿐만 아니라 제주 전역과 타 지방의 해녀들도 즐겨 부르고 있다. 당시 제주 해녀들의 참상을 담은 '해녀의 노래' 마지막 4절은 아래와 같다.

배움 없는 우리 해녀 가는 곳마다
저놈들의 착취기관 설치해놓고
우리들의 피와 땀을 착취하도다
가엾은 우리 해녀 어디로 갈까

13

말하는 꽃,
독립 만세를 외치다

수원 3·1혁명 주도한 기생 김향화

기미년 3월 29일

자혜병원으로 정기검진 받으러 가던 중

경찰서 앞에서 독립 만세 외쳤지요

기생 김향화가 앞장서 외쳤지요

병원으로 가서도

검진 거부하고

만세 만세 만세 만세 외쳤지요

만세 부른 기생들 다 붙잡혀가서

김향화는 6개월 징역 받아 콩밥 먹었지요

기생들 꽃값 받아 영치금 넣었지요

면회 가서

언니 언니 위로했지요

그럴 때마다

만세 주동자 김향화

아름다운 김향화 가로되

아무리 곤고할지라도

조선사람 불효자식한테는 술 따라도

왜놈에게는 술 주지 말고

권주가 부르지 말아라

언니 언니 걱정 말아요

우리도 춘삼월 독립군이어요

_ 고은, '기생독립단' 중에서

　신분차별이 심했던 조선시대에 기생은 소, 돼지 잡는 백정과 함께 가장 천대받는 신분이었다. 그러나 우리 역사에서 이름을 남긴 기생이 적지 않다. 황진이, 매창, 논개 등이 그들이다. 황진이와 매창은 시를 잘 지었다고 해서 흔히 '시기(詩妓)'로 불린다. 반면 임진왜란 때 왜군 적장을 껴안고 진주 남강에 투신한 논개는 의로운 행동을 한 기생이라고 해서 '의기(義妓)'로 불린다.

　그렇다면 의기는 논개 하나뿐일까?

　1919년 1월 고종 황제의 승하(사망)를 계기로 3월 1일 서울에서 만세 의거가 일어났다. 이는 순식간에 전국으로 확산됐다. 경기도 수원 지역에서는 3월 16일부터 시위가 시작됐다. 이날 수원 시내 서장대와 동장대에서 각각 수백 명이 모여 종로를 향해 만세를

原籍京城府
現住京畿道水原郡水原面南水里二〇二
【金김 杏행 花화】 (二十二才)

技藝
劍舞、僧舞、各呈才舞、歌詞、詩調、京城雜歌、西關俚謠、楊琴

水原組合

1918년에 출간된 『조선미인보감』에 실린 김향화의 얼굴과 소개글.

부르며 행진을 벌였다.

일주일 뒤인 3월 23일에는 수원역 근처에서 약 700명이 시위를 벌였다. 25일에는 청년과 학생, 노동자들이 수원시장에서 독립 만세를 외쳤는데 이날 시위에 참가했던 주동자들이 대거 검거되었다. 그러자 상인들은 항의 표시로 3월 27일부터 상점 문을 닫았는데 그 수가 전체 상인의 약 40%나 되었다.

이를 고비로 수원 지역의 만세운동은 수그러들기 시작했는데 불길을 되살린 것은 다름 아닌 기생들이었다. 3월 29일 수원기생조합 소속 기생 30여 명이 수원경찰서 앞에서 독립 만세를 외친 것이다. 이날 만세 시위를 주도한 사람은 22살 꽃다운 나이의 기생 김향화였다.

김향화(金香花, 1897~?).

1897년 서울에서 태어난 그의 본명은 '순이(順伊)'였다. 향화[또는 행화(杏花)]는 기생이 된 후에 얻은 이름으로 당시 그는 '수원기생의 꽃'으로 통했다. 1918년에 발행된 기생조합 홍보자료인 『조선미인보감』은 김향화에 대해 다음과 같이 소개하고 있다.

> "본디 경성(서울) 성장으로, 화류 간의 꽃이 되어 삼오 청춘 지냈구나, 가자 가자 구경 가자, 수원산천 구경 가자, 수원이라 하는 곳도 풍류기관 설립하여 개성조합 이름 쫓네, 일로부터 김행화도 그곳 꽃이 되었세라, 검무, 승무, 정재춤(궁중무용-필자 주)과, 가사, 시조, 경성잡가, 서관소리, 양금치기, 막힐 것이 바이없고, 갸름한 듯 그 얼굴에 주근깨가 운치 있고, 탁성인 듯 그 목청은 애원성이 구슬프며 맵시동동 중등 키요, 성질 순화 귀엽더라."

이름만큼이나 미모가 뛰어난 데다 춤과 노래 등 기예(技藝)도 출중했던 모양이다.

───
소복 입고, 나무비녀 꽂고, 짚신 신고

15살 무렵 수원으로 시집을 온 그는 결혼한 지 얼마 되지 않아 이혼을 하게 됐다. 게다가 그해 부친마저 사망하자 졸지에 가장이 되었다. 생계가 막막했던 김향화는 결국 생활의 방편으로 기생이 되기로 결심했다. 기생이 되기엔 한참 늦은 나이인 18살에 기생의 길에 발을 들여놓은 김향화는 피나는 노력 끝에 수원기생조합에

고종 황제 국상 당시 대한문 앞에 엎드려 통곡하는 조선 백성들.

서 가장 뛰어난 기생이 되었다.

22살 때인 1919년, 김향화의 삶을 송두리째 바꿔놓을 사건이 터졌다. 새해 벽두인 1월 21일에 들려온 고종 황제의 승하 소식이었다. 고종 황제가 일본인들 손에 독살된 것이라는 소문도 돌았다. 김향화는 이후 일체의 음주가무 행위를 중단하고 근신하였다.

1월 27일 고종의 장례에 맞춰 김향화는 동료 기생 20여 명과 함께 서울로 향했다. 비단옷 대신 소복을 입고, 꽃비녀 대신 나무 비녀를 꽂은 채 상주들이 신던 짚신을 신고 있었다. 덕수궁 대한문 앞에 도착하자 이들은 다른 백성들과 함께 곡(哭)을 하면서 망국의 설움을 토로하였다. 기생이기 이전에 조선의 딸이요, 조선의 백성이었다.

3월 1일 서울에서부터 만세 시위가 일어나자 김향화는 선배 기생인 서도홍을 찾아가 만세 시위를 벌이기로 결의하고 수원 시내

기생들이 성병검사를 받으러 다니던 자혜병원(전 경기도립 수원병원). 수원 기생들의 의기를 보여준 역사적인 현장이다.

기생 30여 명을 모았다. 이들은 거사를 앞두고 몰래 태극기를 만드는 등 거사 준비를 했다. 거사일은 3월 29일로 정했다. 이날은 기생들이 자혜병원으로 성병검사를 받으러 가는 날이었다.

당시 총독부의 성병검사는 강압적이고도 비인간적이었다. 진료실도 아닌 병원 마당에 간이 칸막이를 치고는 기생들의 옷을 벗겨 성기를 검사하곤 했다. 기생들의 원성이 쏟아진 건 당연했다. 여기에 망국의 설움까지 겹쳤으니 더 말해 무엇하겠는가.

드디어 29일 날이 밝았다.

김향화 일행은 성병검사 차 자혜병원으로 향했다. 병원 앞에 다다르자 이들은 갑자기 치마를 들추고 치마 속에 감춰온 태극기를 꺼내들고 목청껏 "대한 독립 만세!"를 외쳐댔다. 김향화가 먼저 외치자 다른 기생들도 일제히 만세를 따라 불렀다. 당시 자혜병원

앞은 경찰서, 군청 등 식민통치기구가 집중돼 있던 수원의 중심가였다.

자혜병원 앞에 울려 퍼진 기생들의 외침, "대한 독립 만세!"

일본 경찰들이 총칼을 들고 달려 나와 기생들을 위협했다. 그러나 아랑곳하지 않고 계속해서 만세를 불렀다. 그러자 주위에 있던 사람들도 만세행렬에 동참했다. 이날자 「매일신보」에는 "29일 읍내 만세 때는 기생 일동이 참가하였고 기생 김향화가 구속되었다."는 기사가 실렸다.

이날 시위로 주모자인 김향화는 동료 기생 30여 명과 함께 일경에 체포되었다. 의기(義妓)로 기개를 떨친 그는 1919년 5월 27일 경성지방법원 수원지청에서 이른바 '보안법 위반'으로 징역 6월을 선고받고 옥고를 치렀다. 수사 과정에서 모진 고문을 당한 것은 말할 필요도 없다.

사내들 앞에서 웃음을 팔고 술이나 따르던 기생.

당시 김향화의 신분은 멸시와 천대의 대상이었다. 그러나 거국적으로 일어난 만세 시위 앞에서는 총칼도 두려워하지 않는 대범함을 보였다. 나라를 찾기 위한 항일투쟁에는 배움이나 신분도 중요하지 않았음을 김향화는 온몸으로 보여주었다.

그러나 안타깝게도 만세 의거 이후 김향화의 행적은 알려진 것이 별로 없다. 안경신과 마찬가지로 사망연도조차 빈칸으로 남아 있다. 거사 후 가족들이 뿔뿔이 흩어지면서 챙기는 사람이 없었던 탓이다.

기생 출신이라는 이유로 외면받아온 김향화는 2008년 수원시의 건의로 이듬해 뒤늦게 포상을 받았다. 건국훈장(1~5등급)보다 격이 낮은 대통령 표창이었다. 그나마 후손도 확인되지 않아 연금 수령은커녕 표창장과 메달조차 수원시 박물관에서 보관하고 있는 형편이다. 우리가 기억해주지 않으면 그녀의 피맺힌 "만세" 외침은 허공에 산산히 부서져버릴 것이다.

14

을밀대에 우뚝 선
한국의 여성 노동운동가 1호

사상 첫 '고공농성'을 벌인 강주룡

송전탑, 굴뚝, 전광판, 골리앗 크레인.

이들의 공통점은 무엇일까? '쇠'가 아니다. 정답은 '고공농성'이다. 수십 미터, 때론 100미터 가까운 곳에 올라가 뙤약볕이나 한겨울 강추위와 사투를 벌이는 노동자들. 이들이 목숨을 걸고 높은 곳으로 오르는 이유는 무엇일까? 답은 간단하다. 딱하고 억울한 사정을 호소하기 위해서다. 고공농성에 참가했던 한 노동자는 이렇게 말했다.

"이렇게 하지 않으면 정말 힘없는 사람들의 목소리는 들어주지 않기 때문에 어쩔 수 없는 선택이었습니다."

1931년 5월 29일 이른 새벽.

평양 시민 몇 사람이 을밀대(乙密臺)로 아침산책을 나갔다. 을밀대는 시내에서 멀지 않은데다 올라가면 평양 시내가 한눈에 보여 산책코스로 인기가 좋았다. 금수산 을밀봉 정상에 위치한 을밀대는 11미터 높이의 축대 위에 세워진 정자로, 인근에서는 가장 높은 곳이었다.

이날 새벽, 을밀대 근처에 다다른 시민들이 의아스런 눈길로 어딘가를 바라보며 웅성거렸다.

"저기 을밀대 지붕 위에 앉아 있는 게 사람 아니오?"

"글쎄올시다! 사람 같소만. 모양새를 보니 여자 같구려!"

그들의 말대로 을밀대 지붕 위에 누군가 웅크리고 앉아 있었다. 하얀 저고리에 검정 치마 차림인 것으로 보아 여성 같았다. 자그마한 몸집의 한 여성이 지붕 왼쪽 귀퉁이에서 웅크린 채 졸고 있었던 것이다. 사람들이 웅성거리는 소리에 여성이 눈을 떴다.

을밀대의 외침으로 여류투사가 되다

그는 평원(平原) 고무공장에 다니는 30살의 여성 노동자 강주룡(姜周龍, 1901~1932)이었다. 그는 그곳에서 혼자 밤새도록 농성을 벌이고 있던 중이었다. 우리 역사상 첫 '고공농성'인 셈이다.

강주룡의 을밀대 농성은 당시로선 '큰 사건'이 되고도 남았다. 이튿날부터 신문에서 연일 이 소식을 보도하였다.

을밀대 옥상에 올라가 파업선동의 연설 _「매일신보」 5월 30일자

◇꽁직녀무고 월펑 즌안 에우대밀을◇

1931년 5월 29일 아침, 을밀대 지붕 위에서 고공농성을 벌이고 있는 강주룡의 모습.

아사동맹을 지속 을밀대에서 철야 격려 _「조선일보」 5월 30일자

평양 을밀대에 체공녀(滯空女) 돌현(突現) _「동아일보」 5월 31일자

이날의 고공시위로 강주룡은 '여류투사 강 여사', '평양의 히로인'으로 불리며 하루아침에 유명인사가 되었다. 고공시위 사연도 화제가 됐다. 당시 신문에 심심찮게 등장하던 '빚쟁이를 찾아달라', '집 나간 남편을 찾아달라' 식의 소소한 개인사가 아니었기 때문이다. 강주룡의 을밀대 시위는 회사 측의 갑작스런 임금 삭감에 항의하며 벌인 노동투쟁이었다.

1901년 평안북도 강계에서 태어난 강주룡은 부친의 사업 실패로 14살 때 서간도로 건너가 농사를 지으며 살았다. 20살 되던 해

을밀봉 정상의 11미터 높이 축대 위에 세워진 을밀대 전경.

에 인근 통화현에 사는 5살 연하의 최현빈에게 시집을 갔는데 결
혼 1년 만에 남편이 당시 그 지역에서 활동하던 항일 무장투쟁단
체인 대한독립단에 가담하였다.

강주룡은 남편을 따라 대한독립단에서 함께 활동하다가 남편이
'집에 가 있으라'고 하자 본가로 돌아왔다. 그리고 얼마 뒤 비보가
날아왔다. 남편의 급사 소식이 전해진 것이다. 시집에서는 그를
두고 "남편 죽인 년"이라며 중국 경찰에 고발해 이 일로 고초를
겪기도 했다.

24살 되던 해인 1925년 서간도에서 귀국한 강주룡은 친정 부모
와 어린 동생을 위해 생활 전선에 뛰어들었다. 처음 1년은 황해도
사리원에서, 그 뒤 5년 동안은 평양의 한 고무공장에서 직공으로
일했다.

그 무렵 조선에서는 노동운동이 일대 변화를 맞고 있었다. 국내

강주룡의 모습. '여성 노동운동가 1호'답게 "수월치 않은
여자"였다.

자본주의가 일정 궤도에 오르면서 노동자들의 자연발생적 투쟁은
일제 식민통치에 대한 저항으로 바뀌었다. 사회주의자들의 노동
현장 참여와 1929년 세계 대공황도 여기에 한몫을 했다.

공황의 여파로 고무 제조업이 큰 타격을 입으면서 강주룡이 다
니던 평양 선교리 평원 고무공장도 영향을 받게 됐다. 1931년 5월
16일 회사 측은 일방적으로 17%의 임금 삭감을 통고했다. 노동자
들은 이에 반발하며 파업에 들어갔다.

파업 개시 12일이 지나도록 사측이 답을 하지 않자 노동자들은
5월 28일 굶어죽을 각오로 '아사(餓死)동맹'을 결의하고 단식투쟁에
들어갔다. 그러자 조선인 사장은 이튿날(29일) 새벽 1시경 일본 경
찰을 불러들여 노동자들을 강제로 끌어냈다.

한밤중에 공장에서 끌려나온 강주룡은 분하고 억울한 생각에
목을 매달고 죽을 작정이었다. 그래서 광목 한 필을 갖고 평양에
서 제일 높은 을밀대로 향했다. 그런데 막상 을밀대에 도착하자
생각이 바뀌었다. 당장 죽기보다는 을밀대 위에 올라가 투쟁을 하
는 것이 좋겠다 싶었던 것이다.

平壤乙密臺에
滯空女突現
四十尺 高空에서 연설까지
平原고무爭議續報

강주룡의 을밀대 고공농성을 보도
한 「동아일보」 1931년 5월 30일자
기사.

강주룡은 광목 중간을 찢어 길이를 두 배로 늘린 다음, 한쪽 끄트머리에 돌을 묶어서 지붕 위로 던져 넘겼다. 그리고는 다른 한쪽 끝을 기둥에 묶어 단단히 고정시킨 후 광목천을 꼬아 밧줄처럼 만들어서 을밀대 지붕 위로 기어올라갔다. 을밀대 높이는 5미터 정도였으나 11미터 축대 위에 지어진 정자여서 자칫 떨어지면 곧바로 황천행이었다.

새벽이슬을 맞으며 지붕에서 동이 트기를 기다리던 강주룡은 쏟아지는 졸음을 참을 수 없어 깜빡 잠이 들었다가 새벽 산책을 나온 사람들의 웅성거리는 소리에 잠이 깼다. 그는 지붕 위에서 사람들을 향해 평원 고무공장 노동자들의 파업 경위 등에 대해 일장연설을 했다.

"우리는 49명 우리 파업단의 임금감하(減下, 삭감)를 크게 여기지는 않습니다. 이것이 결국은 평양의 2,300명 고무공장 직공의 임금감하의 원인이 될 것이므로 우리는 죽기로써 반대하려는 것입니다. 2,300명 우리 동무의 살이 깎이지 않기 위하여 내 한 몸뚱이가 죽는 것은 아깝지 않습니다. …… 나는 죽음을 각오하고 이 지붕 위에 올라왔습니다. 나는 평원 고무 사장이 이 앞에 와서 임금감하 선언을 취소하기까지는 결코 내려가지 않겠습니다. …… 나를 여기서 강제로 끌어낼 생각은 마십시오. 누구든지 이 지붕 위에 사다리를 대놓기만 하면 나는 곧 떨어져 죽을 뿐입니다."

_「동광」 1931년 7월호

다음 날 「동아일보」 보도에 따르면, 강주룡의 을밀대 체공시간은 5월 29일 오전 1시부터 8시 40분까지 약 8시간 정도였다. 이날 아침에 긴급 투입된 일본 경찰은 강주룡을 지붕에서 끌어내리려고 시도하였으나 여의치 못하자 몰래 사다리를 타고 올라가서 끌어내렸다고 한다.

여성 노동운동가 제1호

평양경찰서로 끌려간 강주룡은 6월 1일 새벽 2시에 풀려날 때까지 80여 시간 동안 물 한 모금, 밥 한 술도 입에 대지 않았다. 굶어죽기를 각오하고 동료들과 '아사동맹'을 맺은 그였다.

구금에서 풀려나자 강주룡은 그 길로 파업본부로 돌아가 동료 강주룡의 사망을 보도한 「동아일보」
1932년 8월 17일자 기사.

들을 격려하고 파업을 지도했다. 6월 6일 파업단 대표로 사측과 만나 파업 노동자들의 원직 복직을 요구하였다. 이틀 뒤인 6월 8일, 노사 간에 임금삭감 방침 철회, 노동자 복직 문제 등이 매듭지어지면서 한 달에 걸친 평원 고무공장 파업 사태는 마무리되었다.

그러나 이것이 끝이 아니었다. 이튿날 6월 9일, 강주룡은 이른바 '적색노조사건'에 연루돼 동료 노동자 최용덕과 함께 일본 경찰에 체포되었다.

근 1년에 걸친 감옥 생활에서 강주룡은 '극심한 신경쇠약과 소화불량' 증세에 시달리다 1932년 6월 4일 병보석으로 겨우 풀려났다. 그러나 옥중에서 얻은 병으로 자택에서 치료를 하다가 병세가 악화돼 출옥 두 달 만인 8월 13일 평양 서성리 빈민굴 68-28호 자택에서 생을 마감했다. 그때 그의 나이 서른 하나. 앞길이 구만리인 나이였다.

아까운 나이에 세상을 떠난 여성투사 강주룡에 대해 잡지 「동광」 '회견기'는, "유달리 안광을 발하는 눈, 매섭게 생긴 코, 그리고 상상 이상의 달변 등 수월치 않은 여자"라는 첫인상과 함께 "그의 과거 생애를 듣던 중 오늘 그가 가진 의식과 남자 이상의 활발한 성격이 우연한 바가 아님을 알 수 있었다."라고 쓰고 있다.

사상 최초, 그것도 여성의 몸으로 행한 '고공시위' 말고도 강주룡은 여러 모로 예사사람이 아니었던 모양이다. 사측의 일방적인 임금삭감에 항의해 파업을 시작한 것이 나중에는 항일투쟁으로 이어졌다.

정부는 2007년 선생의 투쟁공로를 기려 건국훈장 애족장을 추서하였다. 이와 별도로 우리 노동투쟁사는 선생을 '여성 노동운동가 제1호'로 기록하고 있다.

15

"남정네만 의병 하면 무슨 수로 하오리까"

국내 최초, 국내 유일의 여성 의병장 윤희순

충과 효를 사람이 살아가는 근본도리로 알았던 조선시대 사람들은 나라의 운명을 곧 자신들의 운명으로 여겼다. 임진왜란 때나 구한말 나라가 위기에 빠졌을 때 전국에서 의병(義兵)이 일어난 것은 바로 이 때문이었다. 일반 백성들로 구성된 의병은 정식 군대가 아닌, 일종의 민병대인 셈이다.

1910년 한일병탄으로 일제에 국권을 빼앗기자 매천 황현(黃玹) 선생은 며칠 동안 식음을 전폐하다 절명시를 남기고 음독 자결했다. 1905년 을사늑약 강제 체결 이후 매천처럼 스스로 목숨을 끊은 지사(志士)가 한둘이 아니었다. 의병들이 사냥총을 들고 나섰다면 뜻있는 선비들은 죽음으로써 충(忠)을 실천한 것이다.

의병 가운데는 여러 부류가 있었다. 책 읽던 선비에서부터 사냥

국내 유일의 여성 의병장 윤희순의 초상화.

꾼과 포수, 심지어 노비 신분의 종들까지 의병에 나섰다. 의병장
은 대개 유생 가운데 덕망 있는 사람이 맡았는데 춘천 지역의 의
병장 의암 유인석(柳麟錫)이 대표적인 인물이다. 이항로(李恒老)의 문
하에서 수학한 의암은 1876년 강화도조약 체결에 반대하는 상소
를 올렸으며, 김홍집 친일 내각이 들어서자 강원도 지역에서 의병
을 일으켰다.

의병에게 제공할 탄약을 제조하다

흔히 의병장이라면 임란 때는 곽재우, 김덕령, 김천일 등을, 구
한말에는 유인석, 신돌석, 민긍호 등을 떠올린다. 이들은 모두 남

성이다. 그런데 의병장 가운데 여성도 있었다는 사실을 아는 사람은 그리 많지 않다. 국내 최초이자 국내 유일의 여성 의병 지도자 윤희순(尹熙順, 1860~1935)이 그 주인공이다. 그의 집안은 시아버지에서 남편과 아들에 이르기까지 3대에 걸쳐 강원도와 만주 지역에서 항일 독립투쟁을 했다.

1860년 서울에서 윤익상의 큰딸로 태어난 윤희순은 열 여섯 되던 해 강원도 춘천 남면 고흥 유씨 집안의 유제원(柳齊遠)과 혼인하였다. 당시 춘천시 남면은 고흥 유씨 문중의 집단 거주지로 '위정척사운동'의 사상적 근거지였다. 위정척사운동이란 성리학의 질서를 지키고 외세의 침략을 물리치고자 한 반외세·반침략적 민족운동으로 이후 항일 의병투쟁으로 그 정신이 계승되었다.

이 집안의 항일투쟁은 의병장 유인석의 재종형인 시아버지 유홍석(柳弘錫)으로부터 시작되었다. 1895년 을미사변이 일어나자 유홍석은 춘천 지역 유림들을 규합하여 이른바 '을미의병'을 일으켜 자신이 의병장을 맡았다. 시아버지가 의병으로 출정하자 윤희순은 의병들에게 음식과 옷을 조달하는 한편, '안사람 의병가', '병정의 노래' 등을 지어 의병들의 사기를 북돋웠다. '안사람 의병가 노래' 전문은 다음과 같다.

우리나라 의병들은 나라찾기 힘쓰는데
우리들은 무얼할까 의병들을 도와주세
내집없는 의병대들 뒷바라질 하여보세
우리들도 뭉쳐지면 나라찾기 운동이요

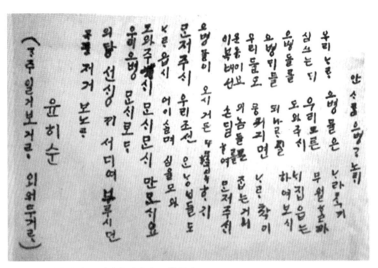

윤희순 의병장이 지은 '안사람 의병가 노래' 친필.

왜놈들을 잡는거니 의복버선 손질하여

만져주세 의병들이 오시거든 따뜻하고

아늑하게 만져주세 우리조선 아낙네들

나라없이 어이살며 힘을모아 도와주세

만세만세 만만세요 우리의병 만세로다

1907년 일제가 대한제국 군대를 해산시키자 전국에서 다시 의병이 일어났다. 이른바 '정미(丁未)의병'이다. 시아버지 유홍석은 춘천에서 다시 궐기하여 의병 600명을 모아 일본군과 치열한 혈전을 벌였다.

며느리 윤희순도 지켜보고만 있지 않았다. 윤희순은 고흥 유씨 집안의 부인들과 인근 동네 여성 76명으로부터 군자금 355냥을 모집해 놋쇠와 구리 등을 구입했다. 그리고는 가정리 여의내 골에서 탄환과 유황 등 화약 재료를 가지고 탄약제조소를 직접 운영하며 의병들에게 탄약을 공급하였다.

"남정네만 의병을 하면 무슨 수로 하오리까?"

의병 뒷바라지는 물론이요, 직접 의병대를 조직하기도 했다. "남정네만 의병을 하면 무슨 수로 하오리까?"라며 가정리 여성 30여 명을 규합하여 여성 의병대를 결성한 것이다. 여성 의병들은 일본군과의 전투에 참가하는 의병들의 취사와 세탁을 도맡아 하는 한편 직접 훈련에 참가하기도 했다. 윤희순은 남장을 하고 정보수집에 나서는 등 그야말로 전천후로 활약했다.

1910년 일제의 '한일병탄'으로 나라가 망하자 크게 낙담한 시아버지 유홍석은 가족들과 함께 자결하기로 마음먹었다. 그러자 가족들은 온 가족이 함께 만주로 망명하여 후일을 기약하자며 만류하였다. 이 결정에 따라 유홍석과 아들 유제원(윤희순의 남편)은 먼저 만주로 떠났다. 윤희순은 가산을 정리한 후 뒤따를 참이었다.

그런데 어떻게 알았는지 이튿날 일본 경찰과 조선인 앞잡이들이 집으로 들이닥쳤다. 그들은 만주로 떠난 시아버지와 남편의 행방을 대라며 윤희순을 겁박했다. 윤희순이 '모른다'고 하자 일경은 어린 아들 돈상에게 매질을 가했다.

"자식을 죽이고 내가 죽을지언정 큰일 하시는 시아버지를 죽도록 알려줄 줄 아느냐?"

윤희순은 분노에 찬 목소리로 일경을 향해 호통을 쳤다. 끝까지 시아버지와 남편의 행방을 대지 않았음은 물론이다. 일경들은 그냥 돌아갈 수밖에 없었다.

1911년 음력 4월, 윤희순은 아들 돈상·민상·교상 3형제, 고흥 유씨 일가 40~50가구와 함께 시아버지와 남편 뒤를 따랐다. 그들이 망명한 곳은 요령성 신빈현 난천자 부근으로, 이듬해에는 환인현 취리두로 옮겼다. 남자들은 모두 의병 나가자 윤희순은 여성들을 모아 산에 올라가 초근목피로 생계를 꾸리며 뒷바라지를 도맡았다. 중국인들에게 수전(水田)농법, 즉 물을 이용한 벼농사법을 가르쳐주고 군자금을 모으기도 했다.

윤희순은 또 항일투쟁이 장기전이 될 수 있다고 판단하여 민족학교 건립에 나섰다. 우당 이회영(李會榮)과 우병렬, 중국인 도원훈 등의 도움을 받아 동창학교 분교인 노학당(老學堂)을 세워 1915년 폐교될 때까지 50여 명의 청년 인재를 배출했다. 1915년 윤희순은 환인현을 떠나야 했다. 2년 전인 1913년에 돌아가신 시아버지 유홍석에 이어 1915년에는 숙부 유인석과 남편마저 세상을 떠난 데다 일제가 노학당마저 폐교시켜버렸기 때문이었다.

무순(撫順) 포가둔으로 활동지를 옮긴 윤희순은 조선독립단과 조선독립단 가족부대를 조직하였다. 조선독립단은 그의 후원하에 장남 유돈상이 중심이 되어 결성되었는데 조선인과 중국인 등 한중 연합군으로 180명에 달했다. 이와 별도로 그는 조선독립단 가족부대를 조직해 부대원들과 함께 군사훈련에 참가하기도 했다. 당시

춘천시 가정리 여의내 골에 건립된 '항일의병 무기제조·훈련장 유적기념비'.

윤희순의 나이 55살이었다. 이국땅을 떠돌던 그 시절, 힘든 생활을 '신세타령'이라는 가사를 지어 토로하기도 했다.

> 슬프고도 슬프다, 이내신세 슬프도다.
> 이국만리 이내신세 슬프고도 슬프도다. ……
> 우리조선 어디가고 왜놈들이 득실하나.
> 우리인군 어디가고 왜놈대장 활기치나,
> 우리의병 어디가고 왜놈군대 득실하니,
> 이내몸이 어이할고 어디간들 반겨줄까.

1930년대 초 윤희순은 요령성 동고촌 뒷산 밑으로 이주했다가 다시 해성현 묘관둔으로 옮겼다. 일본군의 탄압을 피하기 위해서였다. 조선인 밀정들에게 들켜 붙잡히지 않은 것만도 다행이었다.

그러나 비극은 그리 오래지 않아 닥쳤다. 1935년 6월, 맏아들 돈상이 항일투쟁을 하다가 일경에 체포됐는데 고문 끝에 한 달 뒤에 순국한 것이다. 그 충격을 이기지 못한 것일까, 맏아들이 세상을 떠난 지 11일 뒤인 8월 1일 윤희순도 뒤를 따랐다. 그의 나이 만 일흔 다섯, 정든 고향을 떠나 만주로 망명한 지 24년째 되던 해였다.

국내에서는 의병투쟁, 만주에서는 항일투쟁

윤희순은 국내에서는 의병투쟁을, 만주로 망명해서는 독립군과 함께 30여 년 간 항일투쟁을 벌였다. 여성의병대를 조직하고 탄약 제조소를 운영하는 등 적극적 의병투쟁을 했을 뿐 아니라 8편의 '의병가(歌)'와 4편의 '경고문'을 지어 선무(宣撫)활동에도 앞장섰다. 특히 여성들이 항일투쟁에 나서도록 촉구하는 등 여성 계몽운동에도 큰 역할을 했다.

그러나 윤희순에 대한 지역 사회와 보훈 당국의 예우는 소홀해 보인다. 정부는 1983년 그에게 건국훈장도 아닌 '대통령표창'을 추서했다. 1990년 상훈법 개정으로 건국훈장이 3개 등급(대한민국장·대통령장·국민장)에서 5개 등급(대한민국장·대통령장·독립장·애국장·애족장)으로 확대, 재조정되었는데 이때도 최하등급인 애족장(5등급)을 받았다.

윤희순의 동상은 현재 춘천시립도서관 뒤편 주차장에 외로이

방치돼(?) 있다. 적어도 도서관 건물 앞쪽으로 옮기든지 아니면 숙부인 유인석 의병장의 동상이 서 있는 인근 공지천 의암공원으로 옮겨야 할 것이다. 3대가 독립운동을 하고서도 이 집안 3대는 국립묘지가 아닌 시골 길가 선영에 누워 있다. 국내 유일의 여성 의병장에 대한 예우가 너무 허술한 것 아닌가.

16

'청포도' 시인의
유골함을 품에 안고

저항시인 이육사의 시신을 인수한 항일투사 이병희

까마득한 날에

하늘이 처음 열리고

어데 닭 우는 소리 들렸으랴.

모든 산맥(山脈)들이

바다를 연모(戀慕)해 휘달릴 때도

차마 이곳을 범(犯)하던 못 하였으리라.

끊임없는 광음(光陰)을

부지런한 계절이 피어선 지고

큰 강물이 비로소 길을 열었다.

지금 눈 나리고

매화향기(梅花香氣) 홀로 아득하니

내 여기 가난한 노래의 씨를 뿌려라.

다시 천고(千古)의 뒤에

백마(白馬) 타고 오는 초인(超人)이 있어

이 광야(曠野)에서 목 놓아 부르게 하리라.

고등학교 1학년 국어 교과서에서 실린 이육사(李陸史) 시인의 대표작 '광야' 전문이다. 시인이자 독립운동가인 이육사의 시는 저항적·지사적 결의가 담긴 것이 특징이다. 이 시는 일제 강점기의 암담한 현실을 극복하고자 하는 의지와 조국 광복을 염원하는 신념을 담고 있다. 이육사는 윤동주와 함께 대표적인 저항시인으로 꼽힌다.

그런데, 민족시인 이육사의 이 시가 후세에 전해진 데는 한 여성 독립운동가의 헌신이 숨어 있었다.

마분지에 쓴 시 '광야'와 '청포도'를 챙긴 여인

이육사는 1944년 1월 16일 새벽 북경 주재 일본 총영사관 감옥에서 순국했다. 1943년 북경에서 국내로 귀국할 때 무기를 반입하려 했다는 사실이 밝혀져 일경에 체포된 육사는 북경으로 압송돼

항일 애국시인 이육사.

그곳 일본 총영사관 감옥에서 옥사했다.

그가 감옥에서 사망하자 일제는 친척이자 동지인 이병희에게 "시신을 인수해 가라."고 연락했다. 이병희는 서둘러 총영사관으로 가서 육사의 시신을 수습하고 유품을 챙겼다. 육사의 유품은 마분지에 쓴 '광야', '청포도' 등 시 몇 편과 만년필 등이었다.

항일 애국시인 이육사의 시신을 수습한 이병희(李丙禧, 1918~2012), 그는 누구인가?

그는 1918년 경북 안동 예안에서 태어났다. 집안은 대대로 독립운동가 가문이었다. 조부는 윤세복, 이시열 등과 함께 만주에 동창학교(東昌學校)를 설립한 이원식(李元植)이며, 부친은 장진홍 의사의 '조선은행 대구지점 폭탄의거'에 연루돼 옥고를 치른 이경식(李京植)이다. 여성 독립운동가 이효정(李孝貞)은 그의 친정 조카다.

서울 동덕여자보통학교를 졸업한 이병희는 16살 되던 해인 1934년 경성여상(서울여상 전신)에 입학했다. 여성을 위한 최초의 실업학교로 1926년 설립된 경성여상은 졸업 후 당시 선망하던 일본

이병희 등이 주도한 적색노조 결성 등을 보도한 「동아일보」 1938년 5월 24일자 기사.

기업이나 은행에 취직할 수 있어 인기가 높았다. 그래서 여자고등
보통학교(여고)를 졸업하고 다시 경성여상에 입학하는 이들도 더러
있었다.

그런데 이병희는 입학한 지 채 1년도 안 돼 학교를 그만두었다.
조부 이원식이 "한 살이라도 더 먹기 전에 직접 일제와 싸워야 한
다."며 자퇴를 강권했던 것이다. 결국 이병희는 경성여상을 그만
두고 서울 종로에 있던 제사공장 종연방적(鍾淵紡績)에 입사했다.

이병희가 항일투쟁에 나선 계기는 순전히 집안 분위기 때문이
었다. 종연방적 입사는 말하자면 '위장취업'이었던 셈이다. 입사 2
년 뒤인 1935년 이병희는 조선인 남녀 직공 600명을 규합하여 만
세운동과 임금인상 투쟁을 일으키며 파업을 주도하였다. 이 일로
일경에 체포돼 2년 4개월간 서대문형무소에서 복역했다.

당시 「동아일보」 보도에 따르면, 이병희는 1935년 8월 김희성(金
熙星) 등과 함께 봉래동 민태복 집에 모여 조선공산당 재건공작의

일환으로 조선 내 각 지역에 적색노동조합을 조직키로 결의했다.

이들은 여공 홍종래를 아지트 키퍼(본부 책임자)로 삼고 철도국 경성공장 직공 최병직, 경성전기 직공 윤순달, 화신(和信) 여점원 박온, 학생 최호극 등을 각 직장의 책임자로 삼아 동지 규합과 독서회 등을 조직케 하였다. 이들은 서울 영등포와 평양 등의 주요 공장에 잠입하여 운동을 펼치려다 이듬해인 1936년 12월 핵심 11명이 종로경찰서에 검거되었다.

1937년 5월 서대문형무소에 수감된 이들은 1년 넘게 경찰 조사를 받았고 11명 가운데 이병희를 포함한 10명은 치안유지법 위반으로 정식 재판에 넘겨졌다. 다시 1년여를 끈 재판에서 징역 1년에 집행유예 3년을 선고받고 풀려났다. 이미 2년 4개월 옥살이를 한 뒤였다.

이와 관련해 이병희는 훗날 한 언론 인터뷰에서 "당시 일제가 운영하던 (종연방적) 공장은 초등학교를 졸업한 어린 여성들만을 직공으로 받았다."면서 "그들의 파업을 통한 저항은 대단했다."고 회고했다.

"식민지 현실에서 벗어나려면 여자도 당연히 독립운동을"

감옥을 나온 이병희는 몸을 추스른 후 이듬해 1940년 북경으로 망명하여 의열단에 가입했다. 그는 의열단원 박시목, 박봉필 등에게 문서와 무기를 전달하는 연락책을 맡았다. 때로는 여성이 연락

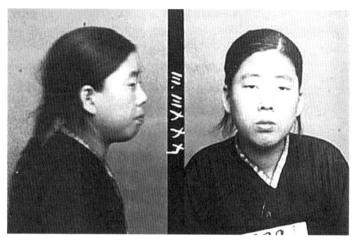

서대문형무소 수감 시절의 이병희. 1937년 3월 19일에 찍은 사진이다.

임무를 수행하기가 더 적절한 경우가 있어서 여성 독립운동가 중에는 이런 일을 맡은 사람이 더러 있었다.

이육사를 만난 것은 1943년 북경에서였다. 이육사는 이병희보다 2년 늦은 1942년 북경으로 망명했다. 모종의 독립운동을 협의하기 위해 이육사를 만났다가 그해 9월 이병희는 일경에 체포돼 북경 주재 일본 총영사관 감옥에 구금되었다.

이육사는 그해 7월 고향엘 잠시 들러 1박을 하고 상경한 뒤 동대문 형사대와 헌병대에 검거되었다. 그의 부인 안일양은 동대문 경찰서 유치장에서 마지막으로 남편을 만났다. 이육사는 아내를 따라온 딸 옥비(沃非)의 손을 꼭 잡고 "아빠 갔다 오마!"라고 말했는데 그것이 영영 이별이 되고 말았다.

얼마 뒤 이육사는 북경으로 압송되었고 두 사람은 일본 총영사관 감옥에서 재회했다. 일제는 1944년 1월 11일 '앞으로는 독립운동 대신 결혼을 하겠다'는 조건으로 이병희를 석방했다. 그로부터 닷새 뒤인 1월 16일 이병희는 이육사가 감옥에서 사망했다는 청천벽력 같은 연락을 받고 감옥으로 황망히 달려갔다. 두 사람은 동지이자 친척간이기도 했다.

> "그날 형무소 간수로부터 육사가 죽었다고 연락이 왔어. 저녁 5시가 되어 달려갔더니 코에서 거품과 피가 나오는 거야. 아무래도 고문으로 죽은 것 같아."

이병희가 목격한 이육사의 마지막 모습은 이러했다. 불과 며칠 전까지만 해도 멀쩡했으며 당시 이육사는 40살이었다. 너무나 갑작스런 죽음인데다 코에서 거품과 피가 나왔다는 것으로 보아 고문을 당한 것이 분명했다.

고문으로 인해 사망한 경우 이를 감추기 위해 일제는 시신을 훼손하는 경우가 더러 있었다. 이병희는 빌린 돈으로 이육사의 주검을 재빨리 화장했다. 그리고 가족에게 유골 단지를 넘겨줄 때까지 언제나 품에 안고 다녔다. 심지어 맞선을 보러 가는 자리에까지 유골을 안고 나갔다고 한다.

그 자신이 독립운동을 했고, 애국시인 이육사의 유골을 수습한 주인공임에도 1996년 건국훈장 애족장을 받기 이전까지 이병희의 이름은 거의 알려지지 않았다. 외아들조차 어머니의 이력에 대해 전혀 알지 못했다. 일제하에 좌파 진영에서 활동한 전력이 혹여 자식에게 누가 될까봐 일부러 숨겼기 때문이었다.

1996년 건국훈장 서훈 당시의 이병희.

"사회주의 독립운동을 한 죄로 불이익이 있을까봐 독립운동 했던 것도 숨기고 살았는데 늦게라도 훈장도 받고, 독립운동 가로 인정해주니 이제 원이 없어."

"내가 여자니까 못 한다는 생각은 안 했어. 식민지 현실에서 벗어나려면 여자도 당연히 독립운동을 해야 한다고 생각했지."

"죽을 고비를 여러 번 넘기며 힘들게 살았지만 후회는 없어. 고문에 못 이겨서 조금이라도 변질됐다면 조상님들 뵐 면목이 없었을 거야. 그저 나라에 누가 되지 않게, 가문에 누가 되지 않게 행동하려고 노력했지."

이병희는 한 언론 인터뷰에서 지난 시절을 이렇게 회고했다. 여자의 몸으로 독립운동을 하다 죽을 고비를 여러 번 넘겼음에도 후회는 없다고 했다. 79살이던 1996년에 뒤늦게 서훈이 됐음에도 조국을 원망하기는커녕 오히려 원(願)이 없다고 했다.

형편이 넉넉지 못해 말년에 인천 부평구 갈산동의 한 요양원에서 생활하던 이병희는 2012년 8월 2일 향년 94살로 눈을 감았다. 임종 직전 가족들에게 "나는 참으로 행복한 사람"이라며 "이제 현충원으로 가게 될 것"이라고 말했다. 그리고 그 소원대로 대전 현충원 독립유공자 묘역에 평안히 잠들어 있다.

17

가슴에 육혈포
품고 다닌 '신여성'

호랑이굴에 본부 차린 대한독립청년단 총참모 조신성

독립운동가들, 호랑이굴로 들어가다

1921년 10월 9일자 「동아일보」에 다음과 같은 기사가 실렸다.

"평안남도 맹산군 맹산면 선유봉 호굴(虎窟, 호랑이굴) 속에 대한독립청년단 본부를 두고 다수의 단원을 모집하여 순사와 친일파를 암살하여 대대적으로 조선독립 사상을 선전하여 영원·맹산·덕천 3군(郡) 지방에서는 하루도 조용할 날이 없게 되었으며, 경찰서와 군청에는 사형선고서, 협박장, 경고문을 보내 각 관청 당국자들은 눈코 뜰 새가 없도록 하여 조선 독립의 목적을 달성코자 활동을 하다가 모두 검거되어……."

대한독립청년단 사건을 대서특필한 1921년 10월 9일자「동아일보」기사.

이 기사는 당시 평안남도 맹산(孟山) 일대에서 독립투쟁을 벌이던 대한독립청년단(일명 맹산독립단)의 활약상을 보도한 것이다. 1910년 한일병탄으로 일제의 식민통치가 시작되자 국내에서는 더 이상 항일투쟁을 할 수가 없게 됐다. 그러자 더러는 만주로 망명하거나 일부는 산속으로 숨어들어 항일투쟁을 벌였다.

위 기사 내용을 보면 당시 대한독립청년단이 어떤 활동을 전개했는지 짐작이 간다. 호랑이굴에 본부를 차린 이 독립단은 일본순사와 친일파를 처단하고, 군자금을 모으고, 독립사상을 선전하고, 일본인 관리나 그들 밑에서 부역하던 조선인들에게 협박장이나 경고장을 보내 간담을 서늘케 했다.

이들의 맹활약으로 영원·맹산·덕천 등 3개 군(郡)은 하루도 조용할 날이 없었다고 한다. 당시 서북 지역을 떠들썩하게 했던 대한독립청년단 단원은 80여 명 정도였다. 그리고 지도자격인 '총참모'는 여성이었다. 조신성(趙信聖, 1873~1953). 당시 48살이었다.

조신성은 어떻게 대한독립청년단의 우두머리가 됐을까?

상해 임시정부와 긴밀한 관계를 맺고 있던 조신성은 1920년 10월 평안남도 영원, 덕천, 맹산 일대에서 청년들을 모집하여 대한독립단 평양지부를 결성한 후 김봉규(金琫圭)와 함께 활동했다. 김봉규는 상해 임시정부, 남만주의 대한독립단 등과 연결되어 있었는데, 그는 안국정(安國鼎)과 함께 대한독립연합청년단을 결성했다.

이 단체에서는 독립전쟁을 수행하기 위해 일종의 '모험단'을 결성했는데 그것이 대한독립청년단이었다. 당시 이들과 유대를 맺고 있던 조신성이 이 맹산독립단의 총참모를 맡게 된 것이다.

맹산독립단의 항일투쟁 활동은 독립운동 방해 세력 제거에서부터 군자금 모집과 독립사상 선전까지, 다양했다. 이를 위해 이들은 6,000여 원의 군자금을 모집하여 육혈포 7자루, 탄환 300발 등 무기를 구입했다. 또 인쇄기 3대와 활자 1만 2,000개를 구입해 독립사상 고취를 위한 선전물 제작에도 나섰다.

맹산독립단 결성 한 달 뒤인 1920년 11월. 조신성은 김봉규와 함께 맹산군수 전덕룡을 찾아가 권고사직케 했다. 특히 독립단은 일본 순사 처단, 친일 부호들의 재산 탈취 등 적극적인 의열투쟁을 벌여 일제의 표적이 되었다.

마침내 일경은 대대적인 독립단원 검거에 나섰다. 그러던 중 11월 6일 평남 영원군 서창에서 조신성 일행은 독립단원들을 체포하러 온 영원경찰서 순사들과 마주쳤다. 순간 조신성은 순사 3명의 팔을 붙잡고 이들이 허리에 차고 있던 군도를 빼앗아 던져버렸다. 그 사이에 독립단원 2명 등은 모두 도망쳐 체포를 면했다.

대신 조신성은 그 자리에서 체포돼 영원경찰서로 끌려갔다. 경찰서 유치장에 감금돼서도 그의 독립투쟁은 계속됐다. 조신성은 자신을 심문했던 고등계 순사 나신택과 이원서, 그리고 그와 함께 유치장에서 구류를 살던 예준기를 설득하여 독립운동가로 변신시켰다.

신여성, 독립운동의 선봉장으로 변신하다

조신성이 옥중에 있을 때도 독립단의 활약은 계속됐다. 단원 나병삼은 1921년 덕천군 덕주령에서 우편물을 호송하는 박원창을 사살하고 현금 5,000원을 빼앗아 그중 3,000원을 김봉규에게 전달했다. 또 일본 순사였다가 조신성의 설득으로 독립운동가로 변신한 나신택은 다른 단원들과 함께 자신이 근무했던 영원서를 습격하고 친일파 살해를 모의하기도 했다.

공무집행방해죄로 평양지방법원에서 징역 6개월을 선고받은 조신성은 평양감옥에서 옥살이를 했다. 그럭저럭 시간이 흘러 출옥일이 다가왔다. 그런데 갑자기 구류명령이 떨어져 또다시 갇히는 몸이 됐다. 1921년 4월 '맹산독립단사건'으로 단원 80여 명이 대거 체포되면서 조신성이 연루된 사실이 밝혀졌기 때문이다.

이들 가운데 60여 명은 풀려나고 조신성 등 19명은 재판에 회부됐다. 그해 10월 19일 첫 공판이 열렸으며, 증인심문 등을 거쳐 11월 21일 선고가 내려졌다. 나신택과 나병삼은 사형, 이운서와 예준기는 징역 5년, 안국정은 징역 3년에 벌금 50원, 그리고 조신

조신성.

성은 징역 2년 6개월을 선고받았다.

이들은 1심 재판 결과에 불복하여 항소했다. 1922년 3월 28일 항소심 판결에서 나신택은 무기징역으로 감형되었으나 나머지 피고인들은 1심대로 선고가 내려졌다. 평양형무소에 수감되었던 조신성은 1923년 6월 13일 가출옥으로 풀려났다.

조신성은 그간의 세월을 「신가정」(1934년 11월호)과의 인터뷰에서 털어놨다.

기자 : 직접 (독립)운동을 실행하시는 동안에는 어떤 수단 과 어떤 방법으로 일을 하셨습니까?

조신성 : 가슴에도 육혈포, 탄환, 다이너마이트를 품고 시시로 변장을 하여가며 깊은 산속을 며칠씩 헤매고 생식을 하여 가면서 고생을 하던 때, 또 주막에서 순검에게

잡혀가지고는 격투하던 때, 그리고 오도 가도 못하고 끼니를 굶어가며 산속에서 며칠씩 숨어 있던 때, 이를 말할 수 있습니까? 그러다가는 결국 1920년 9월 영변에서 체포되어 가지고 평양으로 끌려와서 감옥 생활을 4년 동안 치르고 나오니 내 나이 벌써 오십 년이 되었구려!

친일파 김활란도 상이 있는데 조신성은 상이 없다

조신성, 그는 처음부터 독립군이었을까?

전혀 아니다. 조신성은 또래 중에서 손꼽히던 '신여성'이었다. 그의 초반부 삶의 궤적을 살펴보자. 조신성은 1873년 평북 의주 인근의 비교적 넉넉한 집에서 태어났지만 부친이 가출하고 모친이 일찍 사망하면서 고모 집에서 자랐다. 당시 조혼 풍습에 따라 16살에 혼인을 했는데 남편이 방탕한 생활 끝에 가산을 탕진하고 자살하면서 22살에 과부 신세가 돼버렸다.

이후 기독교에 의탁해 세월을 보내던 중 24살 되던 해에 서울로 올라가 이화학당과 상동 소재 교원양성소를 졸업한 후 소학교 교사가 되었다. 28살 되던 해부터 6년 동안 이화학당 사감으로 재직하였는데 이때 이준(李儁)과 함께 한국 최초의 조선부인회를 조직하여 활동하였다.

그 무렵 조신성은 도산 안창호를 알게 됐으며 이후 민족 진영

지사들과 교류를 갖게 됐다. 뜻한 바 있어 34살에 일본 유학길에 오른 그는 일본 간다(神田) 성경학교를 졸업한 후 요코하마 성경여학교 고등과에 다니던 중 신경쇠약증이 심해 졸업을 얼마 남겨두지 않은 채 귀국하였다. 이후 도산이 세운 평양 진명여학교 교장직을 맡아서 활동하였다.

1919년 무렵에 조신성은 모종의 밀명을 띠고 북경으로 떠났는데 이때의 경험이 인연이 돼 대한독립청년단연합회와 밀접한 관계를 맺고 '맹산독립단'을 조직하여 활동하게 됐다. 기독교 사상과 신교육을 받은, 서북 지방의 대표적인 신여성으로서 교육사업에 매진해오던 그가 독립단의 책임자로 변신하게 된 것이다.

1923년 평양감옥에서 출옥한 조신성은 이번에는 여성운동가로 변신하였다. 1927년 좌우합작 여성단체인 근우회가 결성되자 그는 박현숙 등과 함께 이듬해 1월 30일 근우회 평양지회를 조직해 회장을 맡았다.

근우회는 실업 여성들에게 일자리를 제공하기 위해 속옷공장 설립을 기획하는 등 현실적인 여성운동을 펼쳤다. 일제의 탄압으로 1930년 근우회 본부가 해체되었으나 조신성은 평양지회를 중심으로 계속해서 활동을 펼쳤다.

가난한 집 아이들을 위해 1932년 6월 조선고육학교(朝鮮苦育學校)를 설립했으며, 그해 9월에는 10여 명의 동지들과 함께 평양여자소비조합조직준비회를 개최하여 여성 경제기관 설립에도 힘을 쏟았다. 그는 여성의 경제자립과 사회활동 기반 마련을 위해 혼신을 다했다. 「동아일보」 1934년 9월 17일자에 흥미로운 기사가 하나

평양 유지들의 조신성 회갑연 준비를 보도한
「동아일보」 1934년 9월 17일자 기사.

실려 있다. 평양의 각계 유지 37명이 조신성의 환갑 축하연을 준비하고 있다는 내용이다. 계획대로 9월 20일 오후 4시, 평양 장경관에서 평양의 내로라하는 사람 150여 명이 참석한 가운데 회갑연이 성대하게 열렸다. 평양 유지들이 개최한 회갑연은 남강 이승훈(李昇薰) 선생 이후 두 번째, 여성계 인사로는 조신성이 처음이었다. 각계 인사들의 축사에 이어 조신성이 답사를 하게 됐다. 그 일부를 옮겨보면,

"일거리 많은 조선에 태어난 것은 더없는 천행이지만 일터에 알맞은 일꾼이 되지 못하니 부끄러울 뿐이다. …… 다만 내가 부끄럽지 않은 것은 60평생 비가 오거나 눈이 오는 것을 가려 내가 맡은 공사(公事)를 저버린 적은 없다. 이것이 나의 신조

대전 국립묘지에 마련된 조신성의 묘소.

요, 기운이었다. …… 나는 이 자리에서 내 나이의 40년을 깎아 20당년의 청년으로서 다시금 조선의 일터에 몸을 바치려 한다."

해방 직후 월남한 조신성은 1949년 5월 대한부인회에 몸담았다. 대한부인회는 이승만 대통령의 부인 프란체스카가 총재를 맡았는데 조신성은 여성 독립운동가 황애덕과 함께 부총재에 피선됐다.

일생을 조국 독립과 여성들의 권익향상을 위해 바친 조신성은 한국전쟁이 끝나갈 무렵인 1953년 5월 5일 오전 6시, 부산의 양로원에서 82살로 쓸쓸히 생을 마감했다. 장례는 5일 뒤인 10일 치러졌다. 정부는 1990년 건국훈장 애국장(4등급)을 추서했으며, 현재 대전 국립묘지 애국지사 묘역에 잠들어 있다.

80평생을 독립운동가, 교육자, 여성운동가로 살다간 조신성. 그때나 지금이나 그만한 여성이 또 있을까? 유관순상(賞), 친일파 김활란을 기리는 '김활란상'도 있다. 이제라도 여성계는 '조신성상(賞)' 제정을 논의해봐야 하지 않을까 싶다.

18

아무르 강가의
붉은 외침

'자유'를 위해 싸우다 일제에 총살당한 김알렉산드라

1918년 9월 16일.

늦더위가 기승을 부리는, 아직 가을이 오기엔 이른 날씨였다.

러시아 하바롭스크를 끼고 흐르는 아무르 강(중국명 흑룡강) 절벽에서 한 무리의 군인들이 총살형 집행을 준비하고 있었다. '죄수'는 30대 초반의 여성이었다. 간단한 의식이 끝나자 이윽고 사수가 형을 집행했다.

탕! 탕! 탕!

총을 맞은 '죄수'의 몸이 고꾸라졌다. 그리고는 이내 절벽 아래 아무르 강 깊은 물속으로 떨어졌다.

그의 이름은 김알렉산드라, 본명은 김알렉산드라 페트로브나 스탄케비치(1884~1918). 우리는 이 길고 낯선 이름만으로도 그가 누군지 대략 짐작할 수 있다.

러시아의 한인계 사회주의 운동가이자 혁명가, 독립운동가인 김 알렉산드라는 한인 이주민 2세로 태어났다. 이후 러시아에서 공부하고 러시아에서 항일 활동을 했으며, 러시아에서 일본군에게 총살당했다. 그의 삶은 러시아에서 시작되어 러시아에서 끝났다.

항일 독립투쟁 과정에서 일경에게 고문을 당해 옥사하거나 고문 후유증 등으로 순국한 애국선열이 적지 않다. 그러나 일본군에 체포돼 총살당한 경우는 김알렉산드라가 유일하다.

자유를 위해 일생을 바치다

「독립신문」은 그가 순국한 지 2년 뒤인 1920년 4월에 3회에 걸쳐 '뒤바보'라는 필자 명의로 '김알렉산드라 소전(小傳, 간략한 전기)'을 연재했다. '뒤바보'는 역사학자이자 독립운동가인 계봉우(桂奉瑀)의 필명이다.

계봉우는 여성혁명가 김알렉산드라에 대해 극찬을 아끼지 않고 있다.

"자유를 위하야 일생을 일한 이가 누구냐, 나면서 통곡한 대로 일생을 맞춘 이가 누구냐, 또 세상을 형대상(刑臺上)에서 하직할 시에 안연(晏然)히 도라간 이가 누구냐, 반만년 우리 역사에는 소고(溯考)할 바 안이오, 현 세계 우리 민족계에 더듬어

「독립신문」 1920년 4월 17일자에 실린 '김알렉산드라 소전'의 서론 부분.

보면 김알넉산드라 여사가 곳 그 사람이니라. 그네의 상언(常
言)한 바와 갓치 그는 과연 자유를 위하야 나고 자유를 위하야
일하고 자유를 위하야 죽엇다. 자유여 자유여 알넉산드라가
자유냐 자유가 알넉산드라냐 알넉산드라가 자유라 하면 그가
죽는 날에 자유도 함끽 죽엇스리라……"

계봉우는 김알렉산드라를 '자유' 쟁취를 위해 일생을 바친 투사
로 묘사하고 있다. 실지로 그는 식민지 하의 조선인의 자유(독립)와
노동자, 농민 등 다수 민중들의 피압박으로부터의 자유(해방)를 위
해 싸웠다. 그의 '인격'을 두고 계봉우는 이렇게 썼다.

혁명사상으론 대한여자의 향도관(嚮導官)
사회주의로는 대한여자의 선봉장(先鋒將)
자유정신으론 대한여자의 고문관(顧問官)
해방경쟁으론 대한여자의 사표자(師表者)

김알렉산드라.

　계봉우가 쓴 '소전'에 따르면, 김알렉산드라는 1884년 러시아의 극동인 연해주에서 이주민의 딸로 태어났다. 그의 부친 김두서(金斗瑞)는 함경북도 경흥 출신으로, 기사년(1869년) 대흉년 때 러시아 땅으로 건너갔다.

　김두서는 처음엔 연추(煙秋, 오늘날 크라스키노)에서 개척사업을 하다가 이후 추풍(秋風) 영안평(永安坪)으로 이사했는데 김알렉산드라는 이곳에서 태어났다. 알렉산드라라는 이름은 그리스정교 예법에 따라 아버지가 지은 것이었다. 10살 때 아버지를 여읜 김알렉산드라는 아버지의 친구인 폴란드인 손에 자랐다. 러시아 초등학교를 마치고 고등학교에 진학하여 이곳에서 러시아 혁명당원들과 교류하게 되었고, 나중에 청년 혁명가 스탄케비치와 결혼하였다. 그 무렵부터 자유, 평등, 공동(共同)의 '3대주의(三大主義)'를 추종하면서 반 (反)제국주의 사회주의 사상에 눈을 떴다.

1914년 말 러시아 우랄 지방의 페름스크 대공장에서 한인, 중국 인을 대상으로 노동자를 대거 모집하였는데 그때 한인 동포들도 수천 명 이상이 들어갔다. 그들 가운데는 이동휘(李東輝), 김립(金立) 등이 나자구(羅子溝)에 세운 무관학교 생도 40여 명도 끼어 있었는 데 이들은 학교가 재정 사정 등으로 문을 닫자 돈을 벌어 다시 학 교를 다닐 요량으로 입사했다.

그 무렵 김알렉산드라도 페름스크 대공장 인근에 체류하고 있 었다. 1914년 7월 제1차 세계대전이 발발하자 러시아 정부는 혁명 당(사회당) 당원들의 봉기를 우려한 나머지 블라디보스토크 지역의 남녀 사회당원들을 전부 축출하였다. 당시 사회당원이었던 김알렉 산드라 역시 그때 우랄 방면으로 쫓겨나 있었다.

페름스크 공장 노동자들과 함께한 싸움, 그리고 승리

그때 사건이 하나 터졌다. 조선인 통역 김병학(金炳學)이 한인 동 포 수천 명을 페름스크 대공장에 데리고 가서 거짓 계약을 체결 한 것이다. 김병학은 계약 기간도 1년이 아닌 2년으로, 노동 시간 도 주간이 아닌 주야로 자기 마음대로 계약을 체결했다. 게다가 임금도 정상임금의 절반밖에 되지 않았으며, 고용해제 기간이 지 나도 해제시키지 못하도록 조선인 노동자들에게 일방적으로 불리한 계약을 체결해 말썽이 됐다.

한인 동포들의 피해를 보다 못한 김알렉산드라가 발 벗고 나섰다. 그는 공장주를 찾아가 계약 기간이 끝난 한인 노동자 수천 명의 고용 해제를 요구하였다. 일곱 달을 설득해도 아무 소용이 없자 그는 단총(短銃)을 내보이며 공장주를 협박하기도 했다. 할 수 없이 그는 한인 노동자들의 소송 대리인을 맡아 법원에 소송을 제기했다.

그런 그에게 뜻밖에 행운이 찾아들었다. 1917년 2월 러시아혁명으로 공산주의 정권이 수립되면서 이 사건은 공개재판으로 진행됐다. 김알렉산드라는 법정에서 공장주의 불법을 낱낱이 질타하였고 재판은 승리로 막을 내렸다. 수천 명의 한인 노동자는 고용이 해제되었으며, 수만 원의 손해보상금도 받아냈다.

페름스크 공장 소송사건을 계기로 김알렉산드라는 일약 명성을 얻었다. 1918년 1월 그는 하바롭스크에서 극동인민위원회 외교위원장으로 선출되었다. 재외 한인 가운데 장관급 고위직에 오른 사람은 그가 처음이었다. 그는 러시아 감옥에 수감 중이던 이동휘 석방운동을 벌이기도 했다.

이로부터 두 달 뒤인 1918년 3월, 하바롭스크에서 조선혁명가대회가 열렸다. 이 자리에는 이동녕·양기탁 등 민족주의자, 이동휘·류동열 등 민족적 사회주의자, 그리고 김알렉산드라·오하묵·유스테판·오바실리예비치 같은 볼셰비키('다수파'라는 뜻으로, 1903년 제2회 러시아 사회민주노동당 대회에서 레닌을 지지한 급진파를 이르는 말. 멘셰비키와 대립함)들이 대거 참석했다.

하바롭스크에 있는 김알렉산드라가 활동하던 당시의 건물.

이날 대회의 핵심 의제는 러시아 한인들이 볼셰비즘을 수용할 것인지 여부였다. 이동녕·양기탁 등 민족주의 진영은 러시아의 지원은 필요하지만 볼셰비즘까지 수용할 생각은 없었다. 반면 김알렉산드라·오하묵 등 볼셰비키와 이동휘·류동열 등 민족적 사회주의자들은 생각이 달랐다.

이들은 조선 민족의 해방에 도움이 된다면 기꺼이 볼셰비즘을 받아들일 필요가 있다고 봤다. 결국 볼셰비즘에 찬동하는 한인들은 1918년 4월 28일 한국사상 최초의 사회주의 정당인 '한인사회당'을 건설했다. 초대 위원장 이동휘, 부위원장 오바실리예비치, 군사부장 류동열, 선전부장 김립, 중앙위원에는 김알렉산드라가 선출됐다.

한인사회당은 러시아 극동 지역의 한인 사회 내에 공산주의를

블라디보스토크에 출병한 일본군(1920년).

선전하고 조직을 확대하는 한편 반일(反日) 및 차르 체제를 지지하는 백위군(白衛軍)에 맞서 한인 무장부대를 조직하였다. 그러나 안타깝게도 1918년 6월 후원자 격인 극동 소비에트 정부가 붕괴함에 따라 한인사회당은 활동기반을 상실하였고 점차 위축되기 시작했다.

1918년 4월 일본은 러시아 혁명군을 제압하기 위해 군함 등 2만 8,000명의 병력을 블라디보스토크에 파견했다. 이에 백위군은 기세가 등등해진 반면 볼셰비키 혁명 세력은 위기를 맞게 됐다. 급기야 한인사회당 인사들은 하바롭스크에 모여 대책을 논의했다. 이동휘 등은 러시아 내전 가담을 반대했으나 류동열과 김알렉산드라 등은 일본군에 맞서 싸울 것을 주장했다.

1918년 6월 29일 일본군 등 백위군은 블라디보스토크에서 반혁명을 일으켜 마침내 하바롭스크까지 점령하기에 이르렀다. 하바롭스크 전투에는 한인사회당 지도자 전일, 류동열 등 100여 명의 조선인 적위군(赤衛軍)이 참여했다. 이들은 일본군 등 백위군과 맞서 시가전을 벌였는데 참가자의 절반 이상이 현장에서 전사했다.

전황이 불리해지자 러시아 극동인민위원회와 한인사회당은 하바롭스크를 떠나 아무르주(흑룡주)로 옮겨야 했다. 하바롭스크가 백위군에 함락된 이틀 후인 9월 10일 류동열, 김립, 김알렉산드라 등은 마지막 탈출선인 〈바론 코르프호〉를 타고 하바롭스크를 탈출하다 백위군에 체포되었다.

백위군은 즉결심판에서 류동열과 김립 등 10여 명은 석방했으나 김알렉산드라 등 18명에게는 사형을 선고했다. 재판 과정에서 백위군 장교가 김알렉산드라에게 "조선인인 그대가 왜 러시아의 시민전쟁에 참가했는가?"라고 물었다. 그는 이렇게 대답했다.

> "나는 볼셰비키다. …… 나는 조선 인민이 러시아 인민과 함께 사회주의 혁명을 달성하는 경우에만 나라의 자유와 독립을 달성할 수 있다고 굳게 믿고 있다."
>
> _ 반병률, '김알렉산드라 페트로브나의 생애와 활동'

열세 발짝의 걸음, 최후의 순간에도 잊을 수 없는 조국

체포된 지 엿새 뒤인 9월 16일, 하바롭스크 아무르 강 우쩌스 절벽에서 김알렉산드라에 대한 형이 집행됐다. 그의 눈에는 붕대가 감겨 있었는데 그는 붕대를 벗겨낸 후 그 자리에서 열세 걸음을 걸어갔다. 이는 조선의 '13도(道)'를 상징한 의식이었다. 마지막 걸음이 끝나자 그는 돌아서서 큰 소리로 외쳤다.

"사랑하는 나의 동지들, 남녀노소들이여, 오늘 우리의 적들이 많은 애국자들과 친구들과 나의 삶을 빼앗아가고 있다. 그러나 공산주의 이념은 빼앗을 수 없다. 우리가 싸웠던 사업은 승리할 것이다. 내가 13보(步)를 걸은 것은 조선이 13도였음을 의미한다. 한국의 각 도에 공산주의의 씨여! 훌륭한 꽃으로 피어라. 한국의 젊은이들이 이 꽃을 손에 들고 조선의 해방과 독립을 쟁취하라. 이 해방은 너희들의 자랑의 대상이 될 것이다. 여러분, 우리의 후배들이 조선을 다 해방시키고 사회주의가 건설되는 것을 볼지어다. 볼셰비키여! 영광스러워라."

외침이 끝나자 절벽 끝에 선 김알렉산드라의 심장에 여러 발의 총탄이 박혔다. 그 자리에 고꾸라진 그의 육신은 유유히 흐르는 아무르 강물 속으로 굴러 떨어졌다.

서른 넷, 아직 한창인 젊음이었다.

사회주의 혁명가로 항일투쟁에 뛰어든 '대한여자의 사표(師表)' 김알렉산드라.

젊어서부터 그가 수용한 공산주의(사회주의) 이념은 그에게는 '조선의 해방과 독립 쟁취'의 한 수단이었다. 그는 최후의 순간에도 조국을 잊지 않았다.

비극의 역사를 안고 유유히 흐르는 아무르 강(1918년).

러시아 지역 무장 항일투쟁가 김규면(金規勉)은 「노병 김규면 비망록」에서 "김알렉산드라쯔브나는 가장 열렬하고, 민활한 정치 수완이 있는 혁명자였다. 동무는 일찍이 우랄 베림 나제쓰진스크 공장에서 자본가들과 투쟁하여 결국은 그 노동자들을 적위부대에 동원시키었다. 동무는 시월혁명의 참가자이다."라고 적었다. 김알렉산드라는 2009년 한국 정부로부터 건국훈장 애국장(4등급)을 추서 받았다.

물줄기가 검은 용처럼 꿈틀거리며 흘러간다고 하여 중국인들에겐 '흑룡강(黑龍江)'으로 불리는 아무르 강. 그의 비극적 죽음 이후 하바롭스크 사람들은 오랫동안 이 강에서 낚시를 하지 않았다고 한다.

100년 전, 한 여성 혁명가의 비극적인 최후를 아는지 모르는지 아무르 강은 오늘도 무심히 흐르고 있다.

19

중국 대륙 누빈
'여성 광복군의 맏언니'

한국 여군의 효시가 된 항일무장투쟁가 오광심

국군의 뿌리를 어디로 볼 것인가? 이 문제는 여전히 논란이 되고 있다. 「한민족대백과사전」에는 "대한민국 국군은 (1948년) 정부 수립과 동시에 미군정 하의 조선경비대와 조선해안경비대를 모체로 하여 창설되었다."고 나와 있다. 육군 홈페이지에는 "해방 후 미군정 주도로 1946년 1월 15일 남조선 국방경비대가 창설되었다."며 역시 미군정기 이후로 보고 있다.

그러나 다른 견해도 있다. 1940년 9월 17일 중국 중경에서 창설된 임시정부의 군대인 광복군을 뿌리로 봐야 한다는 주장이다. 이 주장의 근거는 "3·1운동으로 건립된 대한민국 임시정부의 법통을 계승"한다는 대한민국 헌법 전문(前文)이다. 해방 후에 광복군 출신들이 제대로 대접 받아 국군 창설의 주역이 되었더라면 이런 논란 자체가 무의미한 것이 되었을지도 모른다.

광복군이 우리 국군의 뿌리라면 여군의 뿌리는 여성 광복군이라고 할 수 있다. 1940년 9월 17일, 임시정부가 있는 중국 중경 가릉빈관에서 광복군 창설식이 열렸다. 김구 주석을 비롯해 임시정부 요인과 지청천 광복군 총사령 등 200여 명이 모인 가운데 임시정부의 군대가 정식 출범한 것이다.

4명의 여성 광복군

광복군 창설 당시 중경에는 조선인들이 거의 없어 대원 모집에 한계가 있었다. 따라서 출범 초기에는 광복군 총사령부만 구성돼 있었는데 대원은 30명 정도였다. 출범식에 참석한 대원 중에는 4명의 여성대원이 있었다. 오광심, 지복영, 조순옥, 김정숙 등이 그들이다. 이들이 한국 여군의 효시인 셈이다.

오광심(鳴光心, 1910~1976)은 여성 광복군 가운데서도 활동력과 지도력이 뛰어나 '여성 광복군의 맏언니'로 불렸다. 여성대원 가운데 연장자 축에 들기도 했지만 일찍부터 민족교육에 앞장섰고 1930년대 이후 청년공작대 등 항일무장조직에서 활동해온 인물이다. 또한 광복군 제3지대장 김학규 장군의 부인으로 광복군 3지대 편성 및 초모공작에도 크게 이바지했다.

오광심은 경술국치를 당한 1910년 3월 15일 평안북도 선천에서 태어났다. 어린 시절 부모를 따라 남만주 흥경현(興京縣) 왕청문(旺淸

'여성 광복군의 맏언니'라 불린 오광심.

門)으로 이주하여 그곳에 있던 화흥(化興)중학 부설 사범과에 입학
하였다. 이 학교는 1927년 독립운동단체인 정의부(正義府)가 설립한
학교로 학생들에게 투철한 항일정신을 교육하였다. 오광심은 이
학교에 다니면서 민족의식을 키웠다.

1929년 화흥중학을 졸업한 오광심은 이듬해에 통화현(通化縣) 반
납배(半拉背)에 있는 초등학교인 배달(倍達)학교에서 교편을 잡았는
데 이 학교 또한 한족회 소속의 민족주의 학교였다. 1931년에는
재만 항일 근거지인 유하현(柳河縣) 삼원포(三源浦)에 있는 동명(東明)
중학 부설 여자국민학교로 옮겨 근무했다. 1922년 10월에 설립된
이 학교는 정의부 소속으로 역시 민족교육에 앞장선 학교였다.

재만 한인 2세들의 민족교육으로 민족운동 전선에 투신한 오광
심은 배달학교 교사 시절인 1930년 조선혁명당에 가입했다. 이듬
해 만주사변이 발발해 만주 지역에서의 항일투쟁 상황이 급박하

오광심과 김학규의 결혼식 사진. 이들 부부
는 평생 동반자이자 동지로 한길을 걸었다.

게 돌아가자 오광심은 교사를 그만두고 독립운동 전선에 직접 뛰
어들었다. 처음에는 조선혁명당 산하 조선혁명군 사령부 군수처에
서 활동하다가 나중에는 유격대 및 한중연합 항일전에 참여하여
지하연락 공작을 맡았다.

그 무렵 오광심은 10살 연상의 백파(白波) 김학규(金學奎)와 부부
의 연을 맺었다. 김학규는 신흥무관학교 출신으로 용정 동명중학
교 교장으로 있다가 독립운동에 전념하기 위해 교직을 그만둔 인
물로 당시 조선혁명군의 양세봉 총사령 휘하에서 참모장으로 활
동하면서 만주 일대에서 용맹을 드날리고 있었다. 오광심은 김학
규의 아내이자 참모로 평생을 동고동락했다.

1931년 만주사변과 1932년 4월 윤봉길 의거를 계기로 독립운동
세력 간에 연대가 활발해졌다. 일본군이 만주에서 활개를 치면서
새로운 조선혁명군은 물자 지원과 새로운 터전 확보가 절실했다.

이런 가운데 윤봉길 의거 후 피난길에 오른 임시정부 역시 힘이 돼줄 세력이 필요한 상황이었다. 양측은 협력 문제를 논의하기로 하고 조선혁명군 측에서는 김학규를 대표로 선발해 남경으로 파견했다.

만주에서 남경까지는 먼 길이었다. 도중에 곳곳에서 일제의 검문을 피하는 일이 무엇보다도 큰일이었다. 이 길에 아내 오광심이 따라 나섰다. 김학규는 때로는 농부로, 때로는 행상으로 변장하였다. 오광심은 때로는 김학규의 아내로, 때로는 어머니로 변장하여 동행하였다. 단동에서는 중국인 옷을 입고 중국인 행세를 하면서 일본군의 경계를 뚫고 청도, 천진, 북경을 거쳐 무사히 남경에 도착했다. 후일 오광심은 이 험난했던 여정을 '님 찾아가는 길'이라는 노래가사로 지은 바 있다.

님 찾아가는 길

비바람 세차고 눈보라 쌓여도
님 향한 굳은 마음은 변할 길 없어라
님 향한 굳은 마음은 변할 길 없어라

어두운 밤길에 준령을 넘으며
님 찾아 가는 이 길은 멀기만 하여라
님 찾아 가는 이 길은 멀기만 하여라
험난한 세파에 괴로움 많아도

님 맞을 그날 위하여 끝까지 가리라

님 맞을 그날 위하여 끝까지 가리라

당시 남경에서는 김구가 이끄는 임시정부를 비롯하여 조선의열단, 신한독립당 등 다양한 독립운동 세력들이 협력 문제를 논의하고 있었다. 보다 효과적인 항일운동을 위해서는 통일전선 구축이 절실했다. 그리고 통일된 독립운동 단체가 결성되면 만주 지역 항일 세력에 대한 물자 지원도 가능할 것으로 판단했다. 김학규는 이런 상황을 토대로 조선혁명당에 보고할 200여 쪽짜리 보고서를 작성했다.

200여 쪽 보고서를 통째로 머릿속에

문제는 이 보고서를 만주까지 무사히 갖고 가는 것이었다. 곳곳에 일경 검문소가 도사리고 있는데 책자를 운반하는 것은 거의 불가능했다. 이때 김학규가 생각해낸 묘안이 있었다. 아예 보고서를 통째로 외워버리자는 것이었다. 김학규는 이 일을 아내에게 부탁했고, 오광심은 마치 학생이 교과서를 암기하듯이 며칠에 걸쳐 달달 외워버렸다. 머릿속에 든 것을 일경이 어찌 찾아내겠는가. 그때의 일을 김학규는『백파 자서전』에서 이렇게 썼다.

"내 아내는 내 요구에 군말 없이 쾌락하였다. 그는 마치 소학

유주에서 결성된 한국광복진선 청년공작대의 대표자회의 기념사진. 1939년 4월 4일에 찍은 사진이다.

생이 교과서를 리피트하듯이 한 페이지 한 페이지씩 암송하였다. 불과 4~5일 만에 그는 이 한 권의 책을 숫자 하나 틀림 없이 암송해놓고 나에게 자신 있는 만족한 웃음을 웃었다. 내 아내는 만주에서 한 개의 여자투사로서 우리 진영 동지들에 게 신용이 있었기 때문에 그가 전하는 리피트 보고서는 문서 보고서와 동일한 효과를 발생할 수 있었다. 아내는 1934년 7월 15일 남경을 출발하여 북경으로 해서 북녕(北寧) 철로를 거 쳐 산해관을 넘어 만주 산곡을 찾아 본부에 도달하는 데 성공 하였다."

조선혁명당은 김학규의 보고서를 논의한 결과 남경에 있는 독 립운동 단체들과 합치기로 결의했다. 이로써 만주의 조선혁명당,

임정의 한국독립당, 윤세주의 조선의열단, 미주 대한인독립단 등 각개로 활동하고 있던 독립운동 세력들이 하나로 뭉쳐 1935년 민족혁명당을 탄생시켰다. 김학규는 민족혁명당 중앙집행위원, 오광심은 부녀부 차장으로 선임되었다.

민족혁명당으로 뭉친 독립운동 세력은 기대했던 것만큼 통합의 효과를 거두지는 못했다. 오히려 좌우 진영 간에 암투와 갈등만 깊어진 데다 한독당 계열이 탈당하면서 좌파 계열 김원봉 주도의 반쪽짜리로 전락하고 말았다. 상황이 이렇게 되자 오광심은 부녀부 차장 자리를 내놓고 말았다. 김학규는 군사학 공부를 하겠다며 1936년 1월 중국 육군중앙군관학교로 들어갔다.

1937년 7월 중일전쟁이 발발한 이후 연전연패를 거듭한 장개석의 중국군은 패주를 거듭했다. 장개석 정부에 의존하고 있던 임시정부 역시 중국정부를 따라 이동해야 했다. 1937년 11월 호북성 한구(漢口)를 떠나 장사(長沙)-광주(廣州)를 거쳐 이듬해 11월 광서성 유주(柳州)에 도착하였다. 이곳에서 임시정부는 청년부대 조직을 계기로 새로운 활로를 모색하였다.

이듬해 1939년 2월 고운기(高雲起)를 대장으로 조선인 청년남녀들이 모여 한국광복진선의 청년공작대를 결성했다. 전체 대원수는 34명으로 그중 3분의 1에 해당하는 11명이 여자 대원들이었다. 여자 대원 명단은 다음과 같다.

오광심(1910생, 30세) : 조선혁명당원, 김학규 광복군 제3지대장
부인, 광복군

지복영(1920생, 20세) : 지청천 광복군 총사령관의 차녀, 광복군

오희영(1924생, 16세) : 오광선 장군의 장녀, 광복군

오희옥(1926생, 14세) : 오광선 장군의 차녀, 광복군

방순희(1904생, 36세) : 임정 의정원 의원, 광복군 김관오의 부인

김병인 : 이준식 광복군 총사령부 제1대장 부인

김효숙(1915생, 25세) : 김붕준의 장녀, 송면수 부인, 광복군

신순호(1922생, 18세) : 신건식의 딸, 광복군

연미당(1908생, 32세) : 오항섭 부인

조계림(1925생, 15세) : 조소앙 딸

이국영(1921생, 19세) : 민영구 부인

이들은 광복진선을 구성한 3당(한국독립당·한국국민당·조선혁명당) 당원들의 부인이나 딸들이었다. 절반 가까운 10대들은 모두 학생이었다. 만주에서 5년의 항일투쟁 경험을 갖고 있던 오광심은 단연 두각을 나타냈다. 이들 11명 가운데 오광심을 비롯해 지복영, 김효숙, 오희영, 오희옥, 신순호 등 6명은 나중에 광복군에 합류했다.

임시정부는 유주에서도 오래 머물지 못한 채 사천성 기강(綦江)을 거쳐 1940년 3월 중국 국민당 정부의 임시수도인 중경에 자리를 잡았다. 1932년 4월 윤봉길 의거로 피난길에 오른 지 만 8년 만이었다. 1919년 출범 때부터 정식 군대를 갖고자 했던 임시정부는 마침내 꿈에 그리던 군대, 광복군을 창설했다. 1940년 9월 17일 중경 시내 가릉빈관에서 열린 한국광복군 총사령부 성립 창설식에는 오광심을 비롯한 여성 광복군들도 참석했다.

광복군 총사령부 창설식에 참석한 여성 광복군 4명. 네모 안 4명 가운데 뒷줄 왼쪽부터 오광심, 조순옥, 앞줄은 왼쪽부터 김정숙, 지복영이다.

당시 여성 광복군의 군복은 상의는 남자와 같았으나 하의는 치마였다. 모자도 남자는 챙 있는 군대 모자와 배 모양으로 된 것을 썼으나 여자는 모두 배 모양의 것을 썼다. 치마형 여자 군복은 실제 전투 상황에서는 불편한 복장이어서 나중에 남자 대원들처럼 바지로 교체했다. 여성 광복군은 주로 총사령부에서 비서 업무와 선전 사업 분야에서 활동했다.

광복군은 남자의 전유물이 아니요

창설 두 달 뒤인 11월 17일 광복군 총사령부는 중경에서 서안(西安)으로 이동하였다. 이때 오광심을 비롯해 지복영, 조순옥 등도 따라갔다. 서안 총사령부의 가장 시급한 과제는 대원 확보를 위한 초모(招募) 사업이었다. 이를 위해 홍보와 선전에 온 힘을 기울였는데, 오광심과 여자대원 3명은 광복군 기관지 「광복」 제작에 투입되었다. 이들은 원고 작성과 번역을 맡았는데 사범학교를 나와 교사로 근무했던 오광심은 이 일에 적임자였다.

1941년 2월 1일자로 발행된 창간호에서 오광심은 '한국 여성동지들에게 일언을 드림'이라는 글에서 "광복군은 무릇 3천만의 광복군이며 3천만 가운데 일천오백만의 여성도 포함되어 있는 줄로 알아야 됩니다. 그러므로 이 광복군은 남자의 전유물이 아니요, 우리 여성의 광복군도 되오며 우리 여성들이 참가하지 않으면 마치 사람으로 말하면 절름발이가 되며 수레로 말하면 외바퀴 수레가 되어 필경은 전진하지 못하고 쓰러지게 됩니다."라며 여성들의 참여를 적극 호소했다.

1년여 동안 「광복」 제작 임무를 수행하고 있던 오광심에게 새 임무가 주어졌다. 광복군 제3지대는 징모처(徵募處) 제6분처(第6分處)라는 이름으로 1942년 2월 서안에서 편성됐는데 활동지는 최전선인 산동반도였다. 오광심은 3지대에 배속돼 남편 김학규 3지대장과 함께 산동반도로 떠났다. 그러나 그곳 사정이 좋지 않아 중간지점인 안휘성 부양(阜陽)에 자리를 잡고 본부를 세웠다. 3지대는 일제 패망 때까지 부양을 거점으로 초모공작을 통한 항일투쟁을 벌였다.

3지대의 초모공작은 초창기에는 별 성과를 거두지 못했으나 1944년 들어서부터 상황이 크게 달라졌다. 그해 1월 20일 학도병

광복군 기관지 「광복」 표지.

으로 징집돼 중국 전선에 배치된 한인 병사들이 속속 일본군을 탈출해 합류하기 시작했기 때문이다. 1944년 9월경 기간요원을 포함해 70여 명에 달했으며, 1945년 3월말 현재 119명이었다. 출범 당시 8명이었던 것에 비하면 놀라운 성과였다.

오광심은 제3지대에서 지대장 김학규의 참모 겸 기밀담당 비서로서 활동은 물론 초모공작에 직접 참가하기도 했다. 그는 또 새로 합류한 대원 관리와 교육을 맡았는데 따뜻하고 세심한 배려로 그들로부터 찬사를 받았다. 1945년 1월 일본군 병영을 탈출해 3지대에 합류한 학병 출신 김문택은 훗날 쓴 자서전에서 "오광심 선생님"이라며 최대의 경의를 표했다.

해방이 된 뒤에도 오광심은 남편과 함께 상해에 남았다. 오광심은 상해에 설치된 광복군 총사령부 주호판사처(駐滬辦事處) 처장에

韓國光復軍第三支隊成立慶祝典禮攝影紀念

1945년 6월에 찍은 광복군 제3지대 창설 기념사진.

임명된 남편을 도와 3만여 교포들의 생명과 재산을 보호하고 안
전한 귀국을 위해 힘썼다.

　해방 3년 만인 1948년 4월, 오광심은 남편과 함께 영국 상선을
타고 인천으로 들어왔다. 김학규는 그해 7월 한독당 조직부장을
맡아 한독당 재건을 위해 노력하였다. 이듬해인 1949년 6월 26일
백범 김구가 포병소위 안두희의 흉탄에 서거하자 그는 군법회의
에 회부돼 징역 15년을 선고받고 복역하다 1950년 한국전쟁이 터
지자 출옥하였다. 김학규는 1967년 9월, 오광심은 1976년 4월에
세상을 떠났다. 두 사람 모두 건국훈장 독립장을 받았으며, 동작
동 국립현충원에 안장돼 있다.

20

여장군,
또는 혁명의 화신

항일무장투쟁의 최전선에서 싸운 투사 김명시

해방 넉 달여 뒤인 1945년 12월 26일 오전 10시.

서울 중앙중학 강당에서 서울사령부원과 남선(南鮮) 8개 사령부 대표가 참석한 가운데 '조선국군준비대 전국대표회의'가 열렸다. 개회사가 끝나자 김원봉 장군과 김명시 여장군이 입장했다. 장내에서는 우레와 같은 박수가 터져 나왔다.

김원봉은 의열단장과 조선의용대 대장, 임시정부 군무부장을 지낸 인물로 알 만한 사람은 다 아는 인물이다. 그런데 김원봉에 이어 등장한 김명시는 일반인들에게는 낯선 인물이었다. 게다가 이름 앞에 '여장군'이라는 예사롭지 않은 호칭까지 달고 다녔으니 사람들의 궁금증을 자아내기에 충분했다.

크지 않은 키에 검은 얼굴, 야무지고 끝을 매섭게 맺는 말씨, 게

1932년 제1차 조선공산당 사건으로 검거되었을 당시의 김명시.
「동아일보」 1933년 9월 26일자에 실린 사진이다.

다가 온몸이 혁명에 젖어 있어 마치 혁명의 화신과도 같았던 김
명시(金命時, 1907~1949). 여자의 몸으로 항일무장투쟁의 최전선에서
활약했던 그는 어떤 사람인가.

먼저 「독립신보」 1946년 11월 21일자에 실린 인터뷰 '여류혁명
가를 찾아서' 한 대목을 보자.

    기자 : 투쟁하신 이야기를 좀 들을까요.
    김명시 : 열아홉 살 때부터 오늘까지 21년 간의 나의 투쟁이란
            나 혼자로선 눈물겨운 적도 있습니다마는 결국 돌아
            보면 아무 얻은 것 하나 없이 빈약하기 짝이 없는 기
            억뿐입니다.

국내외에서 일제와 싸운 항일투사들은 해방이 되면 바로 완전
한 자주독립 국가를 이룰 수 있으리라 기대했다. 그러나 기대는
물거품이 되었다. 일제가 물러간 후 남에는 미군, 북에는 소련군

이 진주하면서 한반도는 새로운 외세 지배하에 놓이게 됐다. 항일 투사들은 망연자실했다. 김명시의 이야기가 이어진다.

"1925년에 공산대학에 들어갔습니다. 그리고 27년도에 파견되어 상해로 와보니 장개석 씨의 쿠데타가 벌어져서 거리마다 공산주의자의 시체가 누웠더군요. 거기서 대만, 중국, 일본, 비율빈(필리핀), 몽골, 안남(베트남 북부 지방), 인도 등 각국 사람들이 모여서 동방피압박민족반제자동맹을 조직하고 또 그 이면에서는 중공한인특별지부 일도 보게 되었습니다. 28년에 무정 장군을 강서로 떠나보내고 그다음해 홍남표(洪南杓) 씨와 만주에 들어가서 반일제동맹을 조직했습니다. 그때 마침 동만(東滿)폭동이 일어나서 우리는 하르빈(하얼빈) 일본영사관을 치러 갔습니다. 그다음 걸어서 흑룡강을 넘어 제제(齊齊) 하르빈을 거쳐 천진 상해로 가던 때의 고생이란 생각하면 지긋지긋합니다. 상해에 가니까 김단야, 박헌영 제씨가 와 계시더군요. 그 다음 나는 인천으로 와서 동무들과 「코뮤니스트」, 「태평양노조」 등 비밀 기관지를 발행하다가 메이데이 날 동지들이 체포당하는 판에 도보로 신의주까지 도망을 갔었는데 동지 중에 배신자가 생겨서 체포되어 7년 징역을 살았습니다. 스물다섯 살에서 서른 두 살까지 나의 젊음이란 완전히 옥중에서 보낸 셈이죠."

이어 김명시는 연안(延安) 독립동맹에 들어가서 천진, 북경 등 적지구에서 싸우던 이야기, 임신 중에 일경에 체포돼 모진 구타를 당해서 유산한 이야기, 수심도 넓이도 모르는 강물을 허덕이며 야밤에 건너던 이야기 등 그야말로 대하소설 같은 파란만장한 이야기를 쏟아냈다. 한참 동안 그의 이야기를 듣던 기자는 숙연해진 나머지 고개도 들지 못한 채 인터뷰를 끝냈다. 김명시는 그런 사람이었다.

목이 터져라 "김명시 장군 만세!"

소설가 김성동은 2008년 「주간경향」에 '현대사 아리랑'이라는 제목으로 현대사의 뒷얘기를 연재하면서 김명시를 다룬 적이 있다. 김성동의 부친은 좌익 활동가였는데 한국전쟁 직전 야산으로 끌려가 총살당했다. 비극적인 가족사로 인해 청춘기에 방황하던 김성동은 1960년대 말 입산하여 10여 년간 승려생활을 했다. 그때 노스님들로부터 '옛날 얘기'를 들을 기회가 많았는데 김명시 이야기도 그때 들었다.

"굉장했지. 종로통이 온통 사람들로 백차일을 쳤으니까. 무정이 장군과 그 부관인 김명시 장군이 뒷다리 쭉 빠지고 훨씬 키 높은 호마 타고 종로통 거리를 지나가는데 모두들 손바닥이 터지라고 손뼉을 쳤어요. 그러면서 목이 터지라고 외쳤지. 무정 장군 만세! 김명시 장군 만세!"

조선의용군 총사령 시절의 무정 장군.

해방 후 김명시는 무정과 함께 서울로 들어와 조선부녀총동맹 선전부 일을 보면서 조선국군준비대 전국대표자대회 등 좌파 진영이 개최한 주요 행사에 참석하곤 했다. 위 얘기는 무정과 김명시가 1945년 12월 20일 극단 '전선(全線)'에서 주최한 연극 「호접(蝴蝶)」을 관람한 후 종로거리를 행군하는 장면의 목격담이다. '구빨치산' 출신 노스님의 이야기는 이렇게 이어진다.

"그때는 무정이 장군을 젤루 쳤지. 기밀셍(김일성)이 장군보다 더 높이 봤어요. 그리고 그 보좌관으로 할빈(하얼빈)에 있던 왜놈 영사관 까부순 김명시 장군이 굉장했지. 미제를 구축하고 친일파 민족반역자들을 박멸시켜 평등조선 자유조선 해방조선 통일조선이 되면 인민무력상(남한의 국방부 장관) 한자리는 할 인물로 쳤어요."

김명시는 1907년 경남 마산부 만정(萬町) 189번지에서 태어났다.

김희원, 김휘성, 김휘연 등의 가명을 사용하기도 했으며, 스티로바(또는 스베틀로바)라는 러시아 이름도 갖고 있었다. 1924년 마산 지역에 조선공산당 지부를 세운 김형선(金炯善)은 그의 오빠이며, 1930년대 부산과 진해에서 적색노조운동을 이끈 김형윤(金炯潤)은 남동생이다. 삼남매가 모두 사회주의 계열 항일투사였던 것이다.

마산공립보통학교를 졸업한 김명시는 서울로 올라갔다. 1924년 서울 배화고등여학교(오늘날 배화여고)에 입학해 다녔으나 학비가 없어 중도에 그만두었다. 이듬해 7월 고려공산청년회(고려공청)에 가입한 김명시는 그해 10월 고려공청 유학생으로 선발돼 모스크바로 건너가 동방노력자공산대학에 입학했다. 김명시가 다닐 당시는 3년제였는데 경비는 코민테른에서 댔다. 학과목은 수학, 자연과학, 지리 등 기초지식 이외에는 세계혁명사, 레닌주의 등 혁명에 관한 것이었다.

그러나 김명시는 1년 반 만에 학업을 중단하고 상해로 떠났다. 임무가 주어졌기 때문이었다. 당시 상해의 조선공산당 재건 책임자는 홍남표와 조봉암이었다. 이들과 중국공산당 상해 한인특별지부 조직 임무를 맡았는데 김명시는 선전 업무를 담당했다. 또한 대만, 필리핀, 베트남, 인도 등 식민지 국가의 운동가들을 규합해 동방피압박민족반제자동맹을 조직하기도 했다.

임무가 끝나자 새 임무가 주어졌다. 1929년 겨울, 김명시는 홍남표와 함께 북만주로 향했다. '일국일당제(一國一黨制)' 원칙에 따라 조선공산당 만주총국을 해체하고 당원들을 중국공산당에 가입시키는 새로운 임무가 주어졌던 것이다. 김명시는 현해구에서 자신이 조직한 재만조선인반일본제국주의동맹의 집행위원으로서 기관지 「반일전선」 제작을 주도하고 1929년 말에는 아성현(阿城縣)으로 가서 아성현위원회를 조직해 부인부(여성부) 책임과 청년단 위원장을 맡았다.

1929년 11월초 전남 광주에서 대규모 학생의거가 발생했다. 2,000여 학생이 궐기한 이 의거는 3·1혁명 이후 가장 큰 항일투쟁이었다. 이를 계기로 만주 지역 한인 학생들도 동맹휴학을 벌이며 반일시위 투쟁에 나섰다. 때마침 1930년 5월 이립삼(李立三)이 이끄는 중국공산당 중앙당의 폭동 지시에 따라 대규모 폭동(일명 동만폭동)이 시작되자 김명시는 300여 명의 조선인 무장대와 함께 하얼빈 주둔 일본영사관을 공격했다. 이날 밤 하얼빈은 화염과 총성에 휩싸였다.

동지의 배신으로 7년 옥살이

만주에서 임무를 마친 김명시는 상해로 복귀했다. 그리고 모스크바에서 건너온 박헌영과 함께 기관지를 제작하다가 얼마 뒤 국내로 파견되었다. 조선공산당 재건운동을 맡고 있던 오빠 김형선을 도우라는 것이었다. 1932년 상해에서 귀국한 그는 인천 제물포 지역에 아지트를 마련한 후 박헌영이 상해에서 보내온 공산당 기관지 「코뮤니스트」, 지하신문 「태평양노조」, 유인물 「붉은 5·1절」 등을 복사해 배포하였다. 이밖에도 제사공장과 성냥공장 여성 노동자들을 조직, 교육하기도 했다.

그러나 김명시의 국내 활동은 오래가지 못했다. 성냥공장 파업을 지도하던 중 동지의 배신으로 조직이 발각되었기 때문이다. 김명시는 만주로 피신하기 위해 신의주로 갔다가 압록강변의 백마강역 부근에서 체포되었다. 귀국한 지 불과 두 달 만이었다. 김명시를 검거한 사람은 평북경찰부 소속의 스에나가(末永淸憲) 경부였다. 일경은 조선인 밀정이 물어다주는 정보에 따라 신의주 시내 박은형 집에 은신한 그를 잠복 끝에 검거했다. 『조선사상범 검거실화집』에 실린 한 대목을 보자.

> "그 부락에 도착하여 각 호(戶)를 수사하고 있던 중 어떤 농가의 문전에 어린애를 업고 사람들이 왕래하는 것을 구경하고 있는 연령 25, 26세가량 보이는 여자를 발견하게 되었다. 수사원들은 그 앞을 지나쳤으나 "어린애를 업고 있는 여성! 김명시와 같은 인상?" K경부는 직감적으로 머리에 떠오르는 것이 있었다. 이에 그녀에 대하여 엄밀하게 추궁한즉 금일까지 혈안으로 수사하던 막사과(莫斯科, 모스크바)공산대학 졸업생, 조선공산당에 중국공산당 여성투사로서의 중진, 상해로부터 잠입한 김명시였다."

이 사건으로 그와 함께 체포된 15명은 1933년 선고공판에서 검사의 구형보다 많은 최고 7년 징역형(조봉암)을 받았다. 5명은 집행유예로 석방되었으나 김명시를 포함해 조봉암, 홍남표 등 10명은

共産黨再建事件
金命時等七 名 起訴
◇平北警察部에서 極秘裏檢擧
二十七日豫審廻附
主謀五名은
共大의 出身

【신의주】 금년四월부터 북경찰부에서 극비리에 멀리 떨어진 지난二十七일 동법원 예심에 회사의 손에 심리를 밧게되엇다한 마산(馬山) 경성(京城) 인천(仁川)등지에서 검거하야 신의주지방법원 검사국으로부터 되엇든「조선공산당재건」(朝鮮共産黨再建)사건은 그동안 진(秦田)검사의 취조를 마치고 동사 거의 검거자 수효는 二十五명으로 그중十八명이 귀소유

김명시 등 7명의 기소 사실을 보도한 「동아일보」 1932년 8월 29일자 기사.

공소(항소)권을 포기해 형이 확정되었다.

김명시는 징역 6년을 선고받았는데 규정대로라면 평양형무소로 이감을 가야 했다. 그러나 그곳이 만원이라 하는 수 없이 신의주형무소에서 수감생활을 했는데 형무소 내 구락부에서 식모 일을 하였다. 예심까지 합쳐 꼬박 7년 동안 신의주형무소에서 옥살이를 했다. 훗날 조봉암은 그때의 감옥살이를 이렇게 썼다.

"추위 고생이 제일 컸다. 떨다가 떨다가 지쳐서 잠든 사이에 슬그머니 얼어 죽으면 네모난 궤짝 속에 넣어서 파묻었다."

"자고 일어나면 사방 벽면에 오 부씩이나 될 만한 두께로 하얇게 성에가 슬어서 마치 사명당의 '사처방' 같았다."

_「사상계」, 1958년 2월호

이듬해 7월에 서울 영등포에서 체포된 김명시의 오빠 김형선은 해방 때까지 무려 12년을 감옥에서 보냈다.

7년 만에 출옥(정확한 출옥 날짜는 알 수 없으나 조봉암이 1939년 7월 일왕의 세자 탄생 기념 은사로 출옥했을 때 같이 나온 것으로 보인다)한 김명시는 한 치의 망설임도 없이 곧장 중국으로 건너가 항일투쟁 대열에 합류했다.

해방 후 친일시인 모윤숙이 김명시를 만나 기록한 바에 따르면, 중국 공산당원으로서 팔로군에 입대한 김명시는 천진, 제남, 북경, 태원 등지의 팔로군 점령구역을 누비고 다니며 활동했다. 그러던 중 강서성 서금(瑞金)에서 무정의 밀사를 만나 조선의용군에 합류했다. 남자들과 똑같이 총을 쏘고 유격훈련을 받았으며 최전선에 배치돼 선전전을 펼쳤고, 해방 때까지 5년여 동안 조선독립동맹 화북책임자, 북경책임자 등을 지냈다.

해방 후 조선의용군 총사령 무정의 부관으로 선발대 1,500명과 함께 신의주로 들어오려던 김명시는 입국이 불허되어 무장해제된 채 만주 안동현(安東縣)으로 물러났다. 그 뒤 무정과 함께 서울로 들어온 그는 1945년 11월 조선국군준비대 전국대표자대회에 참석해 축사를 했으며, 12월에는 전국부녀총동맹 중앙 대표이자 선전부위원으로 선출되었다. 1946년 2월에는 민주주의민족전선의 중앙위원이자 서울지부 의장단으로 선출되었고 12월에는 조선민주여성동맹 선전부장으로 활동했다.

죽산 조봉암.

미군정 하에서도 곡절이 없진 않았다. 1946년 5월에 발생한 이른바 '조선정판사 위조지폐 사건'으로 미군정이 공산당 계열의 활동을 불법화하면서 공산주의자들을 대대적으로 검거하자 김명시 역시 공개 활동을 중단할 수밖에 없었다. 또 1947년 8월에 발생한 이른바 '8·15폭동사건'에 연루돼 수배됐다가 그해 11월 20일자로 미체포 상태에서 기소 중지가 되었다. 2년 뒤의 비극적인 최후 역시 그 연장선상에서 나왔다고 할 수 있다.

너무나 뜻밖의, 너무나 비극적인 여장군의 최후

마지막으로 김명시와 관련하여 2가지를 짚고 넘어가야겠다. 하나는 그를 '여장군'이라고 부르게 된 배경, 다른 하나는 비극적인 최후를 둘러싼 얘기들이다.

조선의용군 대원 안화웅은 김명시가 모스크바에서 돌아온 후 신의주에서 청년 학생들에게 혁명적 이론을 교육할 때 학생들로부터 '여장군'으로 불렸다고 증언했다. 연안 시절 김명시가 조선의용군 여성대원 40명 정도를 지휘했는데 이를 두고 한 것이라는 주장도 있다.

해방 후 김명시가 귀국한 직후에 나온 「동아일보」 1945년 12월 23일자에는 '조선의 잔 다르크 현대의 부랑(夫娘)인, 연안서 온 김명시 여장군'이란 제목의 글이 실려 있다. '부랑'은 조선 인조 때의 여성이다. 말을 잘 타고 어렸을 때 남자아이들과 병정놀이를 하면 우두머리를 하곤 했는데 모병령이 떨어지자 병약한 부친을 대신해 남장을 하고 입대한 후 얼마 뒤에 초장(哨長)이 되었다고 한다. 말하자면 여장부라고나 할까.

사회주의 계열의 항일투쟁사 및 인물 평전을 잇따라 내놓고 있는 안재성 작가는 "김명시에게 붙은 여장군이라는 호칭은 안화웅이 신의주 사례를 들어 증언한 대로 용감무쌍한 여걸에게 붙여주는 찬사였을 것"이라며 "김명시를 존경하고 흠모했던 사람들이 붙여준 명예훈장이었을 것"이라고 평했다. 적절한 평이라고 생각한다.

다음은 김명시의 최후에 관한 얘기다. '여순사건' 1년 뒤인 1949년 10월 11일자 국내 신문에는 한 여성 혁명가의 자살 소식이 실렸다. 「동아일보」는 '북로당 정치위원 김명시, 유치장서 자살'이라는 제목의 1단 기사에서 "수일 전에 모종의 혐의로 부평경찰서에 구금 중이던 바, 지난 3일 하오에 자기 치마를 뜯어가지고

북로당（北勞黨）정치위원
（政治委員）인 김（金命時
〈金〉女〉는 수일전에모종혐
의로 부평（富平）경찰서에
구금중이던바 지난三일밤오
예 자기치마를 뜯어가지고
감방 천정수도관（水道管）에
에목을 매어 자살하였다고
한다.

北勞黨政治委員

金命時, 留置場서 自殺

群山 南署長

群山（群山）경찰서장
某種嫌疑로 被檢
남（南一作）씨가 수일전에
종모의로구속되어 서울지방
검찰청에
압송되었는데
김

황의이 크게기대되고있다

김명시의 자살 소식을 보도한 「동아일보」 1949년
10월 11일자 기사.

감방 천정 수도관에 목을 매어 자살하였다고 한다.”고 보도했다.

당일자 「경향신문」 보도는 좀 더 자세한 편이다.

“일제 시 연안 독립동맹원으로서 18년 동안을 독립운동을 했
으며, 해방 직후에는 부녀동맹 간부로 있었으며 현재 북로당
정치위원인 김명시(金命時, 43)는 수일 전 국가보안법 위반으로
부평경찰서에 구속되었었다 하는데 유치된 지 이틀 만에 목
을 매어 자살을 하였다 한다. 즉 그는 구속되자 동 서내 독방
에 구류되었는데 간수의 눈을 피하여 유치장 벽을 통한 수도
파이프에 자기의 치마를 찢어서 걸어놓고 목을 걸고 앉은 채
로 자살한 것이라 한다. 이 급보를 접한 서울지검에서는 오제
도(吳制道) 선우종원(鮮于宗源) 검사가 현장을 검증하였는데 자
살로 판명되었다 한다.”

당일 현장 검증을 한 검사는 김명시의 죽음을 자살이라고 단정했지만 액면 그대로 믿기는 어렵다. 안재성은 "당시 남로당 상황으로 보아 남한의 경찰력이 총동원되어 찾고 있던 김삼룡과 이주하의 거처를 보호하려 고문치사당했거나 스스로 목숨을 끊은 게 아닌가 추측한다."고 썼다. 김성동은 최근 필자와의 전화 통화에서 "자살이 아니라 고문치사일 것이다. 확고한 신념이 있는 사람이 쉽게 자살할 리 없다."고 추측했다.

김명시의 죽음을 둘러싼 자세한 내막을 알 수 있는 자료가 없는 상황에서 자살인지 타살인지 단정하기는 곤란하다. 그러나 자살이든 타살이든, 일생을 독립운동에 몸 바친 '여장군'이 해방된 조국에 돌아온 지 4년 만에 비극적으로 생을 마감한 것이야말로 우리 현대사의 비극이 아닐 수 없다.

21

기름에 젖은 머리를
탁 비어 던지고

독립운동에 뛰어든 '사상기생' 정칠성

기생을 고상한 말로 '해어화(解語花)'라고 부른다. '말을 알아듣는 꽃'이라는 뜻이다. 다른 뜻으로는 '아름다운 여자'를 일컫기도 하는데 이는 당나라 현종이 애첩 양귀비를 가리켜 말한 데서 유래했다.

신분차별이 엄격하던 조선시대에 기생은 백정, 무당, 노비 등과 함께 천민 취급을 받았다. 뭇 사내들에게 술과 웃음을 파는 기생이라는 신분이 귀한 대접을 받을 수 있겠는가. 그러나 기생 가운데는 뛰어난 재주는 물론이요, 나라를 위해 제 한 몸을 바친 이들이 없지 않다. 의기(義妓)로 불리는 진주의 논개가 대표적인 인물이다. 수원기생 김향화는 1919년 3·1혁명 때 기생들을 이끌고 만세 시위를 벌이다 일경에 붙잡혀 옥살이를 했다. 진주에서도 기생들

기생으로 일하던 당시의 정칠성.

이 촉석루를 향해 행진하며 만세 시위를 벌였는데 그들 가운데 한금화(韓錦花)는 손가락을 깨물어 흰 명주자락에 "기쁘다, 삼천리 강산에 닷 무궁화 피누나."라고 혈서를 쓰기도 했다.

4월 들어 통영에서는 정홍도(丁紅桃), 이국희(李菊姬)를 비롯해 예기(藝妓)조합 기생들이 금비녀와 금반지를 팔아 구입한 광목으로 소복을 해 입고 만세 시위를 벌였다. 황해도 해주에서도 읍내 기생 일동이 손가락을 깨물어 흐르는 피로 태극기를 만들어 독립 만세를 외쳤다. 미천한 신분이었지만 나라사랑에는 차별이 없었던 것이다.

'사상기생' 정칠성(丁七星, 1897~1958?)도 나라를 사랑하는 마음으로 가득 찬 열혈기생 가운데 하나였다. 정칠성은 1897년 대구에서 태어났다. 7살 어린 나이에 기생학교에 들어간 것으로 보아 어린 시절 가정형편이 어려웠던 것으로 보인다. 18살이 되던 해 정칠성은 서울로 올라와 남도 출신 기생들이 모여 있던 한남권번(漢南券番)의

기생이 되었다. 권번은 기생조합의 일본식 명칭인데, 당시 그의 기명(妓名)은 '금죽(錦竹)'이었다.

3·1혁명, 기생에서 열혈 항일투사로

책 읽기를 아주 좋아했던 정칠성은 책에 빠져 춤·무용 수업을 빼먹곤 해서 선생에게 혼나기 일쑤였다. 기생들이 겸비해야 할 시화(詩畵)는 물론, 바둑과 장기 등 잡기에도 능했다. 특히 기예(技藝)로는 남중잡가, 가야금산조, 병창, 입창, 좌창, 정재 12종무 등에도 탁월했다고 전한다.

정칠성은 호기심이 많고 당돌한 구석이 있었다. 화류계에 몸담고 있던 시절 그는 말 타고 나라를 구한 외국 여걸들의 전기를 읽고 자신도 그런 여장부가 되겠다며 승마를 배우기도 했다. 그저 승마술을 배우고 만 정도가 아니라 실제로 말을 타고 성 밖을 나다니기도 했던 모양이다. 문 밖 출입도 자유롭지 않던 시절에 여자가 감히 말을 달린다는 것은 상상하기도 어려운 일이다. 그때가 인생에서 가장 유쾌했다며 한 잡지에 다음과 같은 회고의 글을 남겼다.

"…… 나의 생활하든 중에 제일 상쾌하게 생각하는 일은 17세에 즉 몸이 아즉까지 화류계에 더저 잇슬 때에 말타[乘馬]든 일이올시다. 그때에 말타기를 시작한 동긔로 말슴하면 다른 동

모들은 엇지하얏는지 알 수 업스나 나는 결코 오락덕이나 호 긔심으로만 말타기를 배운 것이 아니올시다. 활동사진이나 소 설 중에서 외국 녀자들이 흔히 말을 타고 전지(戰地)에 나아가 서 적군과 싸울 때에 남자 이상으로 활발하고 용감스럽게 싸 워서 개선가를 부르는 것을 보고는 거긔에 늣긴 바가 잇서서 혼자 생각에 나도 엇지하면 그런 여자들과 가티 말도 잘 타고 쌈도 잘 하야 한 번 조선에 유명한 여장부가 될가 하고 먼저 말타기부터 배웟습니다. 원래에 잘 생각하엿거나 못 생각하엿 거나 생각이 그러한 중에 말타기를 공부하야 불과 두어 달에 말도 비교덕 곳잘 타게 되야 남복을 하고 성내 성외로 달니고 도라다녀섯스니 그때에 마음이 엇지 상쾌치 안엇겟슴닛가. 그 와 가튼 생각으로 말타기를 배왓스나 아즉까지는 별로 소용 도 업고 일이 밧부면 정강말 신세나 끼치지만은 잇다금 녯일 을 생각하면 마음까지는 퍽 상쾌합니다."

_ 「별건곤」 제8호, 1927년 8월 17일

1919년 3·1혁명은 정칠성의 인생에서 획기적인 전환점이 된 사건이었다. 전 민족이 궐기해 대한 독립 만세를 외칠 때 정칠성 도 함께했다. 3월 1일 민족대표 33인이 서울 공평동 요리점 〈태화 관〉에 모여 독립선언을 발표할 때 그곳에서 일하던 몇몇 기생들 이 동참하였는데 정칠성도 거기 있었던 것이다. 이 일로 일경에 연행되었으나 별다른 혐의가 없어 곧 석방되었다. 이를 두고 훗날 정칠성은 "기름에 젖은 머리를 탁 비어 던지고 일약 민족주의자가 되었다."고 술회한 바 있다.

3·1혁명을 계기로 기생에서 항일투사로 일대 전환을 한 정칠성은 그동안 몸담았던 화류계를 떠났다. 1920년부터 당대의 대표적 신여성인 김일엽, 나혜석, 김명순 등과 함께 잡지 「신여자(新女子)」 필진으로 활동하면서 '사상기생'이라는 별명을 얻었다. 얼마 뒤 재정난으로 잡지가 폐간되자 조선 역사 및 사회주의 사상, 페미니즘 관련 서적들을 구해서 읽었다.

정칠성의 또 다른 변신은 해외 유학이었다. 1922년 정칠성은 일본으로 건너가 도쿄영어강습소에서 영어를 수강했다. 미국으로 유학을 갈 생각이었던 것이다. 그러나 비용 문제로 미국 유학이 좌절되자 이듬해 귀국하였다. 그래도 일본 유학은 새로운 경험이었다. 정칠성은 일본에서 신문명을 체험하는 동시에 사회주의 사상에도 눈을 떴다.

이듬해 귀국하여 고향인 대구에서 물산장려운동에 참여하던 정칠성은 그해 10월 17일 서복주, 김귀조, 조영수 등과 함께 대구여자청년회 창립을 주도하고 집행위원이 되었다. 천주교, 기독교, 불교 등 종교기관에는 여성단체가 더러 있었으나 일반 대중을 상대로 한 여성단체는 없던 시절이었다.

1924년 5월 23일, 정칠성은 경성(서울) 천도교당에서 허정숙, 주세죽, 정종명, 박원희 등과 함께 조선여성동우회를 창립했다. '부인의 해방'을 기치로 내건 한국 최초의 사회주의운동 여성단체가 깃발을 올린 것이다. 정칠성은 '평생 동지'였던 허정숙 등과 함께 전국 각지 순회강연과 활발한 기고활동을 통해 여성해방운동을

大邱女子青年
呱呱의 聲을 始發

'대구여자청년회' 결성을 보도한 1923년 10월 24일자 「동아일보」 기사.

활발히 전개하였다.

이듬해 3월에는 다시 일본으로 건너가 도쿄 여자기예(技藝)학교에 복학했다. 도쿄 체류 중 정칠성은 이현경, 황신덕 등과 함께 '삼월회(三月會)'를 조직하여 간부로 활동했다. 삼월회는 일본 사회주의 여성운동가인 야마카와 기쿠에(山川菊榮)의 영향을 받아 조직된 재일 여성사회주의단체였다.

'여성의 자유'를 넘어 '여성의 해방'을 외치다

1927년 민족운동 전선에 일대 변화가 생겼다. 좌우로 나뉘어 있던 민족운동단체가 대동단결하여 신간회를 결성한 것이다. 이에 여성계도 자매단체로 근우회를 결성하였는데 정칠성은 발기인으로 참여했다. 근우회는 김활란, 유각경 등 기독교계, 이현경, 황신덕, 최은희 등 언론계, 그리고 정칠성, 박원희 등 사회주의 계열

정칠성이 주도한 '근우회' 총회 모습.

여성운동가들이 총망라된 좌우합작 항일여성단체였다. 정칠성은 1931년 근우회가 해산될 때까지 핵심인물로 활동하였다.

근우회는 서울에 본부를 두고 전국 각지와 일본 및 만주에는 지부를 두었는데, 정칠성이 중앙집행위원장으로 있던 무렵에는 지회 수가 70여 개로 크게 늘고 회원도 2,900여 명(1929년 5월 현재)에 달했다.

1927년 6월 6일 평양여성동우회 초청으로 정칠성은 정종명, 박신우 등과 함께 평양 천도교당에서 강연회를 가졌다. 이날 강연의 주제는 '여자의 슬픔', '부인(여성)운동의 과거 현재 및 장래' 등이었는데, 내용 중에 공산주의를 선전한다는 이유로 일경이 강연을 중단시켰다. 이에 일경에 항의하다 결국 강연회는 강제 해산되었

근우회에서 활동할 당시의 정칠성.

고, 이 일로 향후 도내 강연이 금지되었다.

정칠성은 항일운동을 벌이다 여러 번 체포, 구금되었으나 큰 건은 두 번이다. 1929년 이른바 '민중대회사건'으로 투옥된 것이 첫번째다. 그해 11월 광주학생운동이 일어나자 신간회는 이를 전국적인 항일운동으로 발전시키기 위해 전국적인 민중대회를 계획하였다. 그런데 사전에 계획이 탄로 나 허헌 등 신간회 간부 44명과 조선교육협회 유진태, 천도교 이종린, 불교 한용운, 그리고 근우회에서 정칠성과 허정숙 등 30여 명이 검거되었다.

두 번째는 '제2차 조선공산당 사건'에 연루돼 투옥되었다. 정칠성은 1930년 4월 석방되었는데 두 차례 모두 장기간 옥살이를 하진 않았다. 줄곧 공개적인 대중단체의 책임자로 활동했기 때문이었다. 다만 신분이 노출돼 있던 만큼 감시 대상자로 지목돼 무슨 일만 터졌다하면 단골로 붙잡혀가곤 했다. 1920년대 이후 신문에 보도된 연행, 구속 횟수만도 10여 회에 달한다.

1931년 신간회와 근우회가 해체되자 정칠성은 공적인 활동을 전부 접고 서울 종로구 낙원동에서 가게를 하면서 외아들 이동수를 키웠다. 그리고 전국을 다니며 편물과 자수 강습을 다녔다. 틈틈이 「조선지광」, 「삼천리」 등 잡지에 기고해 몇 푼 안 되는 원고료로 근근이 생활하였다. 한때 생활이 어려워 기생을 다시 하려고 생각한 적도 있었다.

붉은 사랑을 꿈꾼 붉은 페미니스트

항일운동이 그의 삶의 한 축이라면 여성해방운동은 또 다른 한 축이라고 할 수 있다. 정칠성은 1926년 1월 4일자 「조선일보」에

'신여성이란 무엇인가?'라는 칼럼을 통해 "진정한 신여성은 모든 불합리한 환경을 부인하는 강렬한 계급의식을 가진 무산여성으로서 새로운 환경을 창조코자 하는 열정 있는 새 여성"이라고 역설했다. 진정한 여성해방은 계급해방을 통해서만 실현될 수 있다고 믿었던 정칠성은 다른 신여성들과는 달리 '여성의 자유'를 넘어서 '여성의 해방'을 주장하였다.

정칠성은 헨리크 입센의 희곡 「인형의 집」에 나오는 '노라'보다 러시아의 여성 혁명가이자 작가인 알렉산드라 콜론타이가 말하는 남성과 가정에 얽매이지 않는 여성을 높이 평가했다. 그는 「삼천리」와의 대담에서 "노라는 '개인주의적인 자각'으로서 개성에 눈을 떠 남편의 집을 뛰쳐나갔지만 거리에서 얼어 죽은 '공상적 여성'인 반면, 콜론타이의 소설 「붉은 사랑」에 나오는 바실리사는 노라와 달리 경제적으로 해방되어 모든 면에서 철저하게 자유로워진 여성"이라고 평가했다.

잡지 「삼천리」에 실린 '명사(名士)의 멘탈 테스트'라는 기사를 보면 정칠성이 주장하는 여성해방론의 편린을 엿볼 수 있다. 기자와의 문답을 읽어보자.

기자 : 동양에서는 아직도 이혼한 여자를 죄인, 또는 못생긴 여자라고 보는데 그런가요?

정칠성 : 천만에, 웬 천만에요.

기자 : 그러면 어려서는 부모를 좇고 시집 가서는 남편을, 과부가 되어서는 자식을 좇아야 한다는 것은요?

정칠성에게 많은 영향을 끼친 러시아의 여성 혁명
가이자 작가 알렉산드라 콜론타이.

정칠성 : 그게 뭔가요?

기자 :   삼강오륜(三綱伍倫)이지요. 아니 오륜(伍倫)이 빠진 삼
        강(三綱)이지요.

정칠성 : 아서요. 제발!

기자 :   콜론타이의 소설에는 여자의 처녀성이란 그리 중요
        한 것이 못 된다고 하였던데요.

정칠성 : 그런 건 난 몰라요! (답을 한 다음 낮을 조금 붉힘)

기자 :   또 아내가 없는 사이에 남편이 딴 여자와 관계를 가
        져도 그것은 생리적 불가항력이므로 용서해야 한다
        는데 칠성 씨는 어때요?

정칠성 : 생리적 문제라면 옳고 또 불가피하겠지요. 그러나 그
        게 옳고 그른지는 난 몰라요.

_「삼천리」 제2호(1929년 9월 1일)

기자는 이런 정칠성을 두고 꽃에 비유한다면 동백꽃이나 진달래보다는 송이가 크고 오래 피는 백일홍, 또 향기가 독한 장미꽃보다는 아담한 매화꽃이 어울린다고 했다. 「조선지광」에 기고한 '연애의 고민상과 그 대책'이라는 글을 보면 정칠성의 연애관이 보다 분명하게 드러난다. 참고로 그는 성욕과 사랑은 별개라고 주장했다.

"연애 고민을 대량생산하여 인간에게 적지 않은 불행을 초래케 하는 것이 현대 자본주의 사회라 할 것이외다. 그렇다는 이유는 여러 가지로 들 수 있으니 모든 것을 상품화하는 자본주의 사회에 있어서는 순결하고 진실하여야 할 애정 그것까지도 물질적 이해로 타산하지 않을 수 없게 되기 때문이외다. …… 봉건사상과 경제적으로 남자에게 모든 권한이 있는 이상 연애에 있어서도 여자는 자연히 불평등한 지위에 서게 됩니다. 우선 정조관부터 남자가 다르게 되어서 남자는 제 맘대로 성적 방종을 하면서도 여자에게는 편무적으로 정조를 강제하려 하지 않습니까? 이것은 혹은 남녀는 원래 생리적으로 다른 까닭에 모성을 가진 여자 편은 그 여자의 혈통을 밝힐 필요상 정조를 지켜야 하겠다 하지마는 그것은 전혀 남성의 성적 방종을 옹호하려는 한갓 구실에 불과한 줄 압니다."

_「조선지광」, 1931년 1월호

해방 공간에서 정칠성은 여러 직책을 맡았으나 그리 순탄한 삶은 아니었다. 1945년 9월 그는 조선공산당 경북도당 여성부장, 10월 서울에서 조선부녀총동맹 중앙위원 등에 선출되었다. 1947년 이른바 '8·15폭동 음모사건'에 연루돼 미군정의 좌익 탄압을 피해 숨어 지내던 정칠성은 이듬해 남로당계 인사들과 함께 월북하였다. 이후 북에서 조선민주동맹 부위원장, 최고인민회의 평북 대의원을 지내다가 1958년 연안파 대숙청에 휩쓸려 사망한 것으로 알려졌다.

정칠성은 사회주의 사상을 기반으로 한 항일운동가요, 여성운동가였다. 그는 비천한 출신을 극복하기 위해 항상 노력했으며, 매사 원리원칙에 충실했다. 중일전쟁 이후 민족진영 인사들의 변절이 줄을 이었으나 정칠성은 창씨개명은 물론, 한 치의 흐트러짐도 없이 지조를 지켰다. 한마디로 '사상기생'이자 '현대판 의기(義妓)'였다고 하겠다.

22

대한의 여성이여, 모두 일어나라!

대한민국 임시정부 의정원 최후의 여성의원 방순희

　대한민국 정부의 전신이 대한민국 임시정부라면 대한민국 국회의 전신은 대한민국 임시의정원이다. 3·1혁명 한 달 뒤인 1919년 4월, 상해와 한국, 러시아 등 각 지방의 한인 대표자 29명은 중국 상해에 모여 임시의정원을 구성했다. 임시정부 수립에 앞서 국회에 해당하는 임시의정원을 먼저 꾸린 것이다. 이들은 오늘날 대한민국 헌법의 골간이 된 임시정부 헌법을 제정한 후 국호를 대한민국이라고 정하고 민주공화제를 채택했다. 오늘날 대한민국은 바로 여기서 비롯됐다.

　임시정부는 입법부는 임시의정원, 행정부는 국무원, 사법부는 법원 등 3권 분립 체제를 구축하였다. 임시의정원은 임시정부가 존재한 27년 동안 임시정부의 헌법 제정 등 입법부로서의 역할과

임시의정원 초대 의원들이 제6회 회의를 마치고 기념 촬영한 모습. 앞줄 왼쪽부터 조소앙, 신익희, 한 사람 건너 네 번째는 안창호, 그 다음이 초대 의정원 의장 손정도 목사. 두 번째 줄 오른쪽 끝이 백범 김구이다.

기능을 다했다. 의정원 의원(오늘날 국회의원)의 임기는 3년(연임 가능)으로 각 지방의 대표위원으로 구성했는데 항일투쟁 공적이 있는 이에게 우선권이 주어졌다. 의원의 수는 국내 각 지방대표 및 재외교포 대표 57명으로 규정했으나 미달되는 경우가 많았다. 윤봉길 의거 후 피난 시절에는 10여 명 안팎인 때도 있었다.

역대 임시의정원 의원 가운데 여성의원이 몇 명 있었다. 방순희(方順熙, 1904~1979)도 그들 가운데 1명이다. 방순희는 1938년 임시의정원 함경남도 대의원에 선임된 이래 1945년 조국이 광복될 때까지 7년 동안 의정원 의원으로 활동한 유일한 여성의원이다.

방순희는 1904년 함경남도 원산에서 방도경(方道京)과 김복녀(金福

女)의 맏딸로 태어났다. 일제의 강제 병탄으로 나라가 망하자 방도 경은 이듬해 1911년 가족을 이끌고 러시아 연해주 블라디보스토크로 이주하였다. 방순희의 나이 7살 때였다.

연해주 신한촌에 정착한 방도경은 블라디보스토크에서 물산객주를 차리고 이주 한인들을 상대로 상품 위탁판매와 여관업 등을 운영했다. 평소 교육 사업에 관심을 가져온 방도경은 여기서 번 돈으로 북간도 광성학교와 블라디보스토크 한민여학교에 재정 지원을 했다.

러시아 총영사관 개관식에 나타난 하얀 옷의 여성

러시아 블라디보스토크에서 초등학교를 졸업한 방순희는 한인 기독교회가 운영하는 삼일(三一)여학교에 진학했다. 졸업한 후 부친의 권고로 15살 되던 해인 1918년 조국에 돌아와 정신여학교에 입학하였다. 3·1혁명 때 이 학교 학생들 다수가 만세 시위에 참가했는데 방순희 역시 가담했다가 일경에 붙잡혀 고초를 겪었다.

1923년 정신여학교를 졸업하고는 블라디보스토크로 돌아가 신한촌의 백산(白山)소학교에서 2년 동안 한인 청소년들을 가르쳤다. 그러나 러시아혁명 후 소비에트 당국이 민족교육을 인정하지 않음에 따라 연해주 일대 한인학교가 폐쇄되자 1925년 8월 한국으로 되돌아왔다.

귀국 후 방순희는 유창한 러시아어 실력을 바탕으로 러시아 영

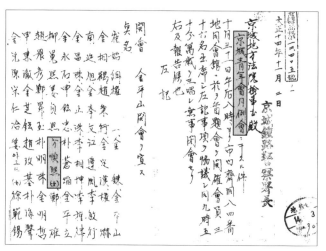

방순희가 경성청년회 월례회의에 참석한 사실을 기록한 종로경찰서 보고문
(1925. 11. 2.).

사관 통역으로 고용되었으나 한 달여 만에 그만두었다. 이후 재일 한국인 사회주의 단체인 북성회(北星會)의 국내 지부인 '북풍회(北風會)'에 가입하여 활동하였다. 그는 이 조직의 일원으로 1925년 10월 31일 서울 재동(齋洞)에서 개최된 경성청년회 월례회의에 참석하였다. 경성청년회는 북풍회 계열의 청년회로 1928년 2월 17일 해체되었다.

이보다 앞서 방순희는 서울 주재 러시아 총영사관 개관식(1925. 9. 24.)에 재러 한인 동포 자격으로 참석했다. 각국 외교관들이 참석한 그 자리에 방순희는 조선을 상징하는 흰옷을 입고 나타나 주목을 받았고, 이 일로 인해 일제의 감시대상 인물로 떠올랐다. 그런데 마침 얼마 뒤 민족대표 33인 중 한 사람인 박희도의 집에 모 단체의 의용대장 임명장이 배달돼 경찰이 수사에 나섰고, 방순희는 전달자 혐의를 받고 종로경찰서에 체포돼 이틀간 조사를 받기도 했다.

그 무렵 「동아일보」에 방순희와 관련된 기사가 실렸다. 10월 23일, 24일 이틀 연속으로 실린 기사는 다분히 선정적이었다. '종로서의 양장미인(洋裝美人) 연루자로 방순희' 제목의 첫날 기사는 그가 귀국한 배경을 두고 러시아에서 결혼한 남편(26)으로부터 모종의 임무를 띠고 온 것이 아니냐는 식이다. 다분히 독자들의 흥미를 끌기 위한 추측성 기사라고 할 수 있다. 참고로 '양장미인'은 그 무렵 블라디보스토크에서 입국한 '강아긴야'라는 여성으로 방순희는 서울에서 이 여성과 동거하고 있었다. 이튿날인 24일자 기사의 한 대목을 옮겨보자.

"…… 모든 인습과 비난을 무릅쓰고 그 당시 해삼위(블라디보스토크)에서 사상운동의 수뇌자라고 하는 리(李○○)와 결혼을 하고 열흘을 하루같이 남편을 도와 남편의 의미 있는 사업에 같이 힘을 나눴다. 넓지 않은 해삼위에서 방순희에 대한 소문이 아주 자자하여 사람들은 이 모의 아내로 보게 되었는데 이때 방순희가 남편을 남겨두고 조선으로 오게 되었다. 그가 무슨 사명을 띠고 왔는지는 그이밖에 아는 이가 없었다. ……"

다만 그 무렵 방순희가 러시아와 국내를 오가면서 모종의 임무를 수행했을 가능성을 완전히 배제할 수는 없어 보인다. 「시대일보」 기사에서 그런 실마리 하나를 엿볼 수 있다.

독립운동가이자 방순희의 남편이었던 현익철.
'남목청 사건'으로 너무 이른 죽음을 맞았다.

"해삼위에 있는 모 공산당에서는 경성 모 회(會)의 요구에 의
하여 이번에 방순희(方順熙·24), 이정자(李貞子·22), 조만화(趙滿
花·23) 등 3명의 여자 선전원을 조선에 파견하기로 되었다는
데 전기 3명의 여자는 경성 모 여학교의 생도로 변장하고 육
로는 관헌의 취체(단속)가 엄중함으로 해로로 청어(잡이) 배를
타고 들어온다는 정보가 있다 하여 시내 각 경찰서에서는 엄
중히 경계중이라고."

_「시대일보」, 1926년 3월 30일자

당시 일경은 러시아 영사관 출입이 잦은 방순희를 '친러 공산주
의자'로 보고 엄중한 감시를 폈다. 결국 국내에서는 더 이상 활동
을 할 수가 없게 되자 방순희는 만주를 거쳐 상해로 탈출하였다.
1931년에는 독립운동가 현익철(玄益哲, 1890~1938)과 결혼하였다.

현익철은 3·1혁명 참가 후 만주로 망명한 독립투사로, 남만주 일대 항일무장투쟁을 총지휘한 독립운동계의 중진이었다. 1931년 외교교섭차 봉천(오늘날 심양)에 갔다가 일경에 붙잡혀 7년형을 선고받고 신의주형무소에서 복역하였다. 1936년 병보석으로 출옥한 후 일경의 감시를 피해 그해 말 상해를 거쳐 남경으로 와서 임시정부에 합류하여 임시정부 군사위원회의 군사위원으로 활동했다.

남편과의 때이른 이별, 대의원 활동은 계속된다

그런 현익철은 이른바 '남목청(楠木廳) 사건'으로 비극적인 최후를 맞았다. 1938년 5월 7일 장사(長沙)의 임시정부 청사인 남목청에서 김구, 지청천, 유동열 등과 함께 3당 통합을 위한 회합 자리에 이운한이 난입하여 권총을 난사했다. 제1발은 김구, 제2발은 현익철, 제3발은 유동열, 제4발은 지청천이 맞았다. 현익철은 병원에 도착하자마자 사망했고 나머지 사람들은 치료를 받고 목숨을 건졌다. 그때 현익철의 나이 마흔 아홉, 방순희와의 사이에 두 살배기 아들을 하나 두고 있었다. 백범 김구는 당시 일을 『백범일지』에 이렇게 적었다.

"그날 남목청에서 연회가 시작될 때, 조선혁명당원으로 남경에서부터 상해로 특무공작을 가고 싶다 하여 내가 금전도 보조해준 적이 있는 이운환이 돌입하여 권총을 난사하였다. 제1

발은 내가 맞고, 제2발은 현익철이 중상, 제3발에 유동열이 중상, 제4발에 이청천(지청천)이 경상을 입었다. 현익철은 의원에 도착하자마자 절명하였고, 나와 유동열은 입원 치료하고 상태가 호전되어 퇴원하게 되었다."

졸지에 남편과 사별한 방순희는 슬픔을 딛고 이듬해 1939년 임시의정원 함경남도 대의원으로 선출되었다. 임시의정원 최초의 여성의원은 1922년 황해도 의원으로 선출된 김마리아지만 3·1혁명 당시 일제에 체포되어 받은 고문 후유증으로 건강이 악화된 데다 미국 유학 준비 등으로 의정 활동을 제대로 하지 못했다. 이어 1923년에는 양한나가 경상도 의원으로, 1930년에는 최혜순이 전라도 의원으로 선출되어 활동했으나 해방 때까지 활동한 여성의원은 방순희가 유일하다.

1939년 임시정부는 미·영·소·중 등 연합국을 상대로 정부 승인을 얻기 위해 다각도로 외교활동을 벌였다. 러시아어가 유창한 방순희는 소련 담당으로 선정되어 중경 주재 소련대사관을 상대로 적극적인 외교 활동을 펼쳤다. 그 무렵 김관오(金冠伍, 1901~1965)와 재혼했다. 김관오는 운남무강당(雲南武講堂)에서 군사훈련을 받은 인물로 나중에 한국광복군 총사령부 고급부관으로 활동하였다.

여성으로서 방순희의 활동도 다양했다. 1940년 6월 16일 중경에서 한국혁명여성동맹이 창립되었다. 그는 '대한의 여성과 청년들이여, 모두 일어나라!'는 제목의 연설을 통해 "구국의 책임이 어찌 남자들만의 몫이겠습니까? 우리 3천만 한국민족 가운데 절반

제34회 임시의정원 의원 일동이 기념 촬영한 모습. 두 번째 줄 가운데 여성이 방순희다.

이상이 여성 아닙니까? 남녀의 역량을 합하여 각기 맡은바 직분과 책임을 다할 때 비로소 아름다운 세계, 진선진미의 한국을 건설할 수 있는 것입니다."라며 조선 여성들의 분발을 호소했다.

1943년 2월 23일, 각 정파의 여성 50여 명이 중경 임시정부 집회실에 모여 한국애국부인회 재건대회를 열었다. 3·1혁명 이후 서울과 상해 등지에서 활동하다 중단된 애국부인회의 애국 활동을 계승하기 위함이었다. 이 대회의 주석에는 김순애가, 부주석에는 방순희가 선임되었다.

1940년대 들어 일제는 조선인 청년들을 징병, 지원병(학도병 포함)으로 이대시켰다. 이로 인해 일본 군대 내에 조선인 청년들이 다수 포함돼 있었다. 임시정부는 이들을 광복군으로 끌어들이기 위

한국혁명여성동맹 창립기념 사진으로 앞줄 오른쪽 네 번째가 방순희이며, 왼쪽 두 번째는 정정화.

해 선무(宣撫)공작을 전개하였다. 방순희는 임시정부 선전과 과원으로 이들을 대상으로 한국어 방송을 하면서 반일의식을 고취시키고 일본군 포로수용소를 찾아가 포로 중 한국 국적을 가진 사병들을 위문하였다. 애국부인회 회원들과 함께 중국군으로부터 인계받은 한국 출신 위안부 여성들을 돌보며 교육을 하기도 했다.

1945년 8월 15일 일본의 항복으로 조국이 광복되자 방순희 부부는 임시정부 국내선전 연락원으로 임명돼 중국에 남아 선무공작을 계속 펼쳤다. 이듬해 4월 26일 광복군 제2지대 대원들과 함께 미군이 제공한 LST편으로 귀국한 두 사람은 한미호텔[韓美莊]에 여장을 풀었다. 1948년에는 한국독립당 부인부장으로 선출돼 여성 문제를 맡게 됐다.

방순희의 말년 모습.

　귀국 후 남편 김관오는 국군에 들어가 한국전쟁 당시 사단장과 유격사령관으로 참전하였으며, 육군준장으로 예편하였다. 1965년 남편과 사별한 방순희는 신앙생활로 말년을 보내다 1979년 5월 4일 76살을 일기로 타계했다. 1963년에 건국훈장 독립장을 받았으며, 대전 국립현충원 애국지사 묘역에 안장됐다.

23

92년 만에 돌아온
하와이의 애국부인

광복을 위해 이역만리에서 분투한 '하와이 이민 1세' 이희경

1912년 9월 중순 인천 항구.

한 소녀가 하와이행 배를 기다리고 있었다. 손에는 낯선 남자의 얼굴사진 한 장을 꼭 쥐고 있었다. 하고 싶은 공부를 할 수 있다는 희망을 품고 결혼을 작정하고 멀고도 낯선 이국땅으로 가는 중이었다.

중학교를 갓 졸업한 18살 소녀의 이름은 이희경(李熙卿, 1894~1947). 그는 1894년에 대구에서 이종하의 2남 2녀 가운데 셋째로 태어났다. 대구 신명여학교(오늘날 신명여고) 제1회 졸업생인 이희경은 당시로선 신여성이었다.

신명여고 동창회 명부에 1912년 5월 31일에 졸업한 1회 졸업생 3명 가운데 1번 졸업생이 이금례(李今禮)로 나와 있는 것으로 보아

신명여학교 제1회 졸업생 사진, 앞줄 왼쪽이 이희경이며, 뒷줄 두 사람은 교사다.

이희경의 초명(初名)은 이금례였던 것 같다. 혼인신고서는 물론 1919년 모국 방문 당시 여권발급대장에도 이금례로 나와 있다.

그런데 신명여중의 학적부란에는 "졸업(卒業) 후즉(後卽) 포규(布哇)로 거(去)하야 결혼(結婚)하다"라고 나와 있다. 포규란 하와이다. 이금례는 하와이로 건너가 이희경으로 개명했으며 나중에는 이혜경(Hea Kyung)이란 이름을 사용하기도 했다.

인천항을 떠난 지 20여 일 뒤인 10월 2일 이희경은 꿈에도 그리던 하와이에 도착했다. 부두에 내리자 한 남자가 기다리고 있었다. 사진 속의 주인공이자 남편이 될 권도인(權道仁)이었다. 얼마 뒤 두 사람은 약속대로 결혼해 가정을 꾸렸다. 당시 하와이 교민들은 이를 '사진결혼'이라고 불렀다.

'사진결혼'은 당시 하와이 이민 노동자들이 즐겨 하던 결혼 방식이었다. 모국에 있는 처녀들에게 사진을 보내 선을 보고 결혼 여부를 결정했다. 1910년부터 미국 내 이민이 금지된 1924년까지 최대 1,000여 명의 한국 여성들이 '사진신부'가 되어 낯선 미국 땅으로 결혼 이민을 떠났다. 이희경도 그중 하나였다.

1905년, 해일처럼 몰려든 하와이 이민자들

남편 권도인은 그보다 7년 앞선 1905년 하와이에 도착했다. 1888년 9월 경북 영양 태생인 권도인은 하와이 이민 노동자 모집 광고를 보고 미국행 배에 올랐다. 당시 나이 만 17살, 다른 사람들에 비해 어린 편이었다. 권도인은 〈시베리아호〉를 타고 다른 한국인 노동자들과 함께 1905년 2월 13일 하와이에 도착했다.

1905년은 하와이 이민사에서 가장 많은 한국인이 도착한 해로 꼽힌다. 권도인이 도착한 이후에도 3월 31일에 276명, 4월 5일에 191명, 5월 18일에 288명이 하와이에 도착했다. 1905년 한 해 동안 하와이 이민자는 무려 4,892명에 달했다. 1903년~1907년까지 5년 동안의 이민자 가운데 66.2%가 이 해에 집중되었다.

하와이 이민은 미국인 선교사이자 의사인 알렌의 소개로 시작됐다. 1902년 휴가차 하와이 호놀룰루를 방문했던 알렌은 하와이 농장주들이 일본인 노동자의 고임금과 태업으로 힘들어하는 것을 보고 고종에게 이민정책을 건의했다. 고종은 알렌의 건의를 받아들여 주무기관인 수민원(綏民院)을 설치하고 초대 총재에 민영환을 임명했다.

1902년 12월 22일, 첫 한국인 이민 노동자들을 태운 배가 인천

1919년 모국 방문 당시 여권에 사용된 이희경의
모습.

항을 출발했다. 출발 당시 인원은 121명이었으나 이듬해 1월 13일
하와이에 무사히 도착한 사람은 86명(남자 48명, 여자 16명, 어린이 22명)이
었다. 중도에 일본 고베에서 20명, 호놀룰루에서 15명 등 총 35명
이 탈락했다. 최종 하와이 도착자 86명이 하와이 노동 이민 제1호
인 셈이다.

한국인 하와이 이민은 1905년을 끝으로 중단되었다. 표면적인
이유는 정부 허락 없이 1,033명을 멕시코로 이주시켰으며 그들이
노예 취급을 당한다는 사실이 알려졌기 때문이었다. 그러나 진짜
이유는 을사늑약을 강제로 체결한 일본의 압력 때문이었다. 한국
인 이민 때문에 일본인 노동자들의 임금과 영향력이 줄어드는 것
을 우려해 한국인 이민을 중지하도록 압력을 넣었던 것이다.

하와이에 도착한 한국인 이민 노동자들은 40여 곳의 사탕수수
농장에 분산 수용되었다. 이들은 30여 명에서 200~300명씩 집단
으로 거주했는데 잡목과 잡초를 제거하고 정지 작업을 벌이며 관

하와이 이민 노동자들이 사탕수수밭에서 일하는 모습.

개시설도 갖추었다. 일요일을 제외한 주중에 하루 10시간씩 노동을 했는데 일당은 남자가 67센트, 여자가 50센트를 받았다.

아름다운 대나무 커튼, 하와이도 반했다

한인 사회가 형성되면서 자연스럽게 자치단체도 조직되었다. 1905년 을사늑약 강제 체결로 국운이 풍전등화라는 소식을 들은 하와이 교민들은 한 푼 두 푼 애국성금을 모으기 시작했다. 1909년 안중근 의사의 하얼빈 의거 소식을 듣자마자 성금을 거두어 『대동위인 안중근전(大東偉人安重根傳)』(홍종표 지음)을 펴냈다. 책 부록에 성금을 낸 인물과 내역이 실려 있는데 권도인은 1원(오늘날 20달러에 해당)을 낸 것으로 나와 있다.

하와이에 도착한 권도인은 카우아이(Kauai)섬 사탕수수밭에서 4년 동안 노동자로 일한 후 1910년 말 무렵에 호놀룰루로 이주하여 점원으로 일했다. 2년 뒤에는 이희경과 결혼하여 펀치바울 거리에 신접살림도 차렸다. 권도인은 솜씨가 좋고 아이디어와 사업 수완이 뛰어난 사람이었다. 얼마 뒤 부부는 가구사업(대왕가구)을 시작하였는데 크게 성공을 거두었다.

그중에서도 권도인이 개발한 커튼은 대성공이었다. 고국에서 쓰던 대나무발[簾]에서 착안해 만든 커튼으로, 옆으로 젖히는 대나무발에 아름다운 그림까지 가미된 커튼은 더운 하와이 날씨에 안성맞춤이어서 큰 호응을 얻었다. 주문으로 들어온 일감이 밀릴 정도로 판매가 늘어나 샌프란시스코에 지사까지 냈다.

1924년 대나무발로 미국 특허를 획득한 데 이어 1928년 첫 가구점을 열었다. 그러나 이들의 사업이 순풍에 돛 단 듯했던 것만은 아니었다. 가구점을 열자마자 전 세계를 강타한 1929년의 경제 대공황은 이들에게도 큰 고통을 안겨주었다. 그러나 부부는 재기하여 1936년에는 다시 가구점을 열었고 1937년에는 사업을 크게 확장했다.

사업이 날로 번성하자 권도인은 배리탄니아 거리의 상품 진열소 뒤에 있는 집을 헐고 새 건물에 실업강습소를 차렸다. 하와이 한인 청년들을 상대로 실내장식 의장과 수학, 부기 등을 가르칠 계획이었다.

그렇게 피땀 흘려 모은 돈을 권도인은 독립운동 자금으로 선뜻 내놓았다. 그것도 한두 번이 아니라 거의 평생에 걸쳐서였다. 기

권도인, 이희경 부부는 하와이에서 가구점을 경영하며 독립운동을 도왔다. 사진은 두 사람이 포인시아나 블라인드(Poinciana Blind, '아름다운 커튼'이라는 뜻)라는 이름으로 경영하던 가게에서 찍은 모습.

부금 총액이 얼마인지는 알 수 없으나 1935년 이후 해방 때까지 「국민보」에 기록된 것만 헤아려도 줄잡아 1만 달러에 달한다.

권도인은 직접 항일투쟁에 가담하기도 했다. 1941년 일본이 하와이 진주만을 기습하자 직접 민병대로 나서 자신의 트럭으로 물자를 수송했고 두 아들도 입대시켰다. 1944년 임시정부 재무부령에 따라 인구세를 그 지방 통행화로 10원씩으로 증액시키자 그는 호놀룰루에서 제일 먼저 10원을 냈다.

아내 이희경 역시 부창부수였다. 국가보훈처가 펴낸 『독립유공자 공훈록』에 따르면, 이희경은 1919년 4월 1일 하와이 호놀룰루에서 창립된 하와이 여성 통합단체인 대한부인구제회(大韓婦人救濟會)

에 가입하여 국권회복운동과 독립전쟁에 필요한 후원금을 모금하여 제공했으며, 애국지사 가족들에게 구제금을 송금하는 등 구제사업도 활발하게 전개했다.

그러던 중 1928년 영남 출신의 한글학자 이극로가 유럽에서 박사학위를 받고 귀국길에 하와이에서 국어 강연을 할 당시 이승만이 이극로를 폄하하면서 영남 지역 멸시 발언을 하자 경상도 출신 부인들과 함께 대한부인구제회를 탈퇴했다. 당시 하와이 교민 사회는 이승만을 지지하는 '동지회'와 그 반대 세력인 '국민회'로 양분돼 있었는데 권도인, 이희경 부부는 국민회 소속이었다.

이승만과의 악연, 조국의 하늘을 보지 못하고 눈을 감다

대한부인구제회를 탈퇴한 이희경은 호놀룰루에서 영남부인회를 새로 조직하고 회장을 맡아 15년 간 한인 부인 사회의 발전과 독립운동 후원, 재미 한인 사회의 구제사업 등에 적지 않은 공헌을 하였다.

특히 1930년대 후반부터 독립금과 중경 특파원 경비 등의 각종 의연금과 군자금을 제공하였다. 1940년대 초반에는 부인구제회 호놀룰루 지방회 대표로서 부인구제회 승전 후원금 모집위원, 부인구제회 사료원 등으로 활동하였으며, 대한인국민회(大韓人國民會)의 회원으로 수십 차례에 걸쳐 수백여 원의 독립운동 자금을 기부했다.

30년이 넘도록 조국 광복을 위해 물심양면으로 애를 썼으나 해방 후 부부의 고국 방문은 번번이 좌절당했다. 하와이에서 있었던 이승만과의 '악연' 때문이었다. 도쿄 주재 한국대사관에 비자를 신청했지만 끝끝내 허가받지 못했다. 이승만 일파의 치졸한 정치보복이라고밖에 볼 수 없다.

그러던 중 1947년 이희경은 불의의 교통사고를 당해 세상을 떠났다. 그로부터 3년 뒤 권도인마저 교통사고로 중상을 입고 고생하다 만 74살이 되던 해인 1962년에 세상을 떠났다. 꿈에도 그리던 고국 땅을 다시 밟아보지 못한 채, 부부가 모두 이역만리 타향에서 눈을 감은 것이다.

이희경의 친구 박금우는 그가 죽은 지 3년째 되던 해에 「국민보」에 추모의 시를 실었다.

　고(故) 친구 이희경을 추도

　미지라 운명이여. 친구를 잃은 후
　몽중 상봉이라도 하고 싶어라.
　뒤에는 놀던 곳 앞에는 떠나간 길
　명월도 원망이요, 청풍도 설움이라.
　제비도 서쪽으로 등지고 등지고
　친구도 서산을 넘어가버렸다.
　보이던 얼굴 들리던 그 음성
　날리던 옷자락 흔적도 없어라.

권도인이 앞장서서 독립운
동 자금을 낸 사실을 보도
한 「신한민보」 1941년 6월
5일자 기사.

버들 더불어 좋아라 즐기더니

순식간 삼 년이 꿈인가 하노라.

청태는 그대로나 음성은 공허하니

차라리 갈 바에는 기억조차 가져가렴.

두어라 기억을. 낭후세를 기필코

황하수를 다 건너 낙동강에 다시 만나

그물에 지게 하고 지리산 높은 곳에

진달래 담을 치고 송백을 초당 삼아

비운청풍 간에 피파로 노래타가

수시 환생하여 미진차세를

수영버들과 오작에 맡기리니

붕우유신이 어아 유차시인저.

_「국민보」, 1949년 6월 29일자

꿈에 그리던 고국 방문은 권도인이 타계한 지 40년이 지나서야 비로소 이루어졌다. 2004년 4월 27일, 부부의 유해는 마침내 고국으로 돌아와 대전현충원에 안장되었다. 권도인은 99년, 이희경은 92년 만에야 고국의 품으로 돌아온 것이다.

정부는 2002년 두 사람에게 건국포장을 추서했다. 미주 지역의 대표적인 여성 독립운동가에 대한 포상치고는 늦어도 너무 늦은 포상이었다.

'눈물 젖은 두만강'의
주인공이 된 '막스걸'

풍운아 박헌영의 아내이자 독립운동 동지였던 주세죽

본사 기자 박헌영 군과 주세죽 양의 결혼식을 오는 7일에 충
남 예산군 신양면 신양리 그 본댁에서 거행할 터……

「동아일보」 1924년 11월 3일자 2면에 자사 기자의 결혼 소식
기사가 실렸다. 박헌영은 1924년 4월 동아일보사 사장 허헌(許憲)
의 추천으로 입사해 지방부 기자로 근무했다. 이듬해 4월 조선공
산당 창립대회에 참석한 것이 화근이 돼 박헌영은 8월에 해직되
었다. 한 달 뒤 「조선일보」로 옮긴 박헌영은 같은 사회부에 근무
하던 임원근, 김단야와 셋이 뭉쳐 다녔다. 그런데 「조선일보」도 그
리 오래 다니지 못했다. 사회주의 성향의 기자들을 못마땅하게 여
기던 총독부의 압력으로 이들을 포함해 17명의 기자들이 그해 10

新郎新婦

▲본사긔자 박헌영(朴憲永)군과 주세죽(朱世竹)양의 결혼식을 오는칠일에 충남례산군 신양면 신양리(禮山郡新陽洞新陽里)그 택에서 거행할터이며 ▲본사긔자 고영한(高永翰)군과 백영애(白永愛)양의 결혼식을 금삼일 하오이시에 평양남산현(南山峴)례배당에서 거행한다고

「동아일보」 1924년 11월 3일자에 실린 박헌영과 주세죽의 결혼을 알리는 기사.

월 「조선일보」에서 쫓겨난 것이다.

당시 「조선일보」 사회부장 유광렬의 회고에 따르면, 박헌영은 선정적인 기사를 잘 쓰지 못할 뿐만 아니라 인간관계도 원만하지 않아 기자로는 '젬병'이었다고 한다. 그는 평소 수줍음이 많고 말수가 적었으며 말재주도 별로 없었다. 반면 김단야는 글솜씨가 뛰어난데다 밝은 성격에 재치가 넘쳐 동료 기자들에게 인기가 좋았다. 나중에 두 남자가 주세죽을 사이에 두고 연적이 될 줄 누가 알았으랴.

박헌영의 아내가 된 주세죽(朱世竹, 1901~1953)은 1901년 함경남도 함흥의 한 농부 집안에서 태어나 함흥의 영생여학교를 2년 다니다 서울로 올라와 중등학교에 진학했다. 지방 출신, 그것도 여성이 서울까지 유학 온 것으로 보아 집안이 비교적 부유했던 것으로 보인다.

중등학교 시절 3·1혁명에 참가했다가 함흥경찰서에 체포되면서 학업을 중단하게 됐다. 함흥의 한 병원에서 근무하던 주세죽은 1921년 중국 상해로 유학을 떠났다. 그해 4월 상해 음악학교에 입

학해 피아노 공부를 하던 그는 학업을 마치고 1년 뒤에 귀국하였다. 상해 유학 시절 사회주의를 접했고 나중에 숙명의 배필이 될 2명의 사회주의자 청년, 박헌영과 김단야도 여기서 만났다. 두 남자 가운데 주세죽과 먼저 인연이 닿은 것은 박헌영이었다.

상해, 사회주의와 숙명의 배필을 만난 공간

농촌계몽소설 『상록수』로 유명한 작가 심훈은 1930년 『동방의 애인』이라는 첫 장편소설을 발표했는데, 중국 상해에서 조선 혁명을 위해 활동하던 청춘 남녀들의 인간관계와 사랑을 그린 이 소설은 박헌영과 주세죽을 모델로 한 것으로 알려져 있다. 심훈과 박헌영은 경성고보 동창으로 중국 유학을 떠난 시기도 비슷하다. 심훈은 주세죽처럼 3·1혁명 가담 혐의로 투옥됐다가 풀려난 뒤 중국 유학길에 올랐다.

상해 유학 시절인 1921년 6월 주세죽은 사회주의 청년단체인 상해 한인청년연맹에 가입했다. 귀국 후에는 박원희, 정종명, 김필애, 정칠성 등 사회주의 여성운동가들과 함께 조선여성동우회를 설립했다. 이 단체는 종래의 계몽적 여성교육론을 비판, 지양하고 사회주의적인 여성해방론을 주장하였다.

1924년 11월 7일, 주세죽은 애인 박헌영의 고향인 충남 예산에서 결혼식을 올리고 정식으로 부부가 되었다. 이듬해 1월에는 허정숙, 박원희 등과 함께 조선여성해방동맹 조직에 참여하였으며,

박헌영과 주세죽을 모델로 조선혁명을 위해 활동한 청춘 남녀들의 이야기를 쓴 소설가 심훈.

2월에는 '화요회' 주도로 열린 전조선민중운동자대회 준비위원이 되었다. 그해 4월에는 고려공산청년회 중앙후보위원에 선출되었으며, 1925년 4월 17일 서울의 중국집 〈아서원〉에서 박헌영, 김단야, 조봉암 등의 주최로 열린 조선공산당 창당준비대회에 참여한 뒤 조선공산당에 입당하였다.

1925년 11월 22일 신의주에서 신만청년회(新滿靑年會) 회원 폭행 사건을 계기로 조선에 조선공산당의 실체가 발각되면서 대대적인 검거 선풍이 일었다. 이른바 '신의주 사건', 또는 '제1차 조선공산당 사건'이 터진 것이었다. 이로 인해 김재봉과 박헌영을 비롯해 당과 공산청년회 간부 등이 대거 검거됐다.

이 사건으로 두 사람은 종로경찰서에 체포돼 신의주형무소에 수감됐다. 박헌영은 감옥에서 가혹한 고문을 당했으나 끝까지 조직책과 동료들의 은신처를 불지 않았다. 주세죽은 약 3주 만에 증거 불충분으로 석방되었으나 박헌영은 서울로 압송돼 서대문형무

〈(좌)사녀죽세주(앙중)양모한최초의영헌박된옥출석보◇

병보석으로 풀려난 박헌영(가운데)과 주세죽. 감옥에서 심한 고문을 당한 박헌영의 시선이 초점을 잃은 모습이다(『동아일보』 1927년 11월 24일자 기사).

소로 이감되었다.

투옥 중에 1926년 6월 10일 순종의 승하를 계기로 6·10만세운동이 일어나자 박헌영은 배후인물로 몰려 혹독한 고문을 당했다. 박헌영은 재판정에서 취조 도중에 사망한 동지들을 살려내라며 울부짖었다. 1927년 9월 20일 열린 4차 선고공판에서 박헌영이 자신이 쓴 안경을 재판장에게 던지는 등 소란을 피우자 공판은 10분 만에 중단되었고 그는 정리들에 의해 끌려 나갔다. 현장에서 이를 지켜보던 주세죽은 대성통곡했다.

극심한 고문으로 박헌영은 9월말까지 '의식을 잃은 상태'였으며, 10월 들어서는 심각한 공황상태에 빠졌다. 밥도 먹지 않고 혼 잣말을 중얼거리며 감방 안을 맴돌거나 벽을 보고 혼자 이야기하는 등 정신착란 증세를 보였다. 특히 사람을 보면 무서워 겁에 질린 표정을 하다가 이내 혼자 히죽히죽 웃기도 했다. 여러 차례 자살 소동을 벌이는가 하면 자기가 싸놓은 똥을 벽에 칠하거나 먹기도 했다. 제정신이 아니었다.

변호인을 통해 몇 차례 병보석을 신청한 결과 박헌영은 1927년 11월 22일 '정신병자'로 인정돼 풀려났다. 그는 아내 주세죽을 알아보지 못할 뿐더러 무섭다고 도망을 칠 정도였다. 일제의 무자비한 고문으로 심신이 망가져버린 것이었다. "눈을 뜬 채 등골을 뽑히고 나서 산송장이 되어 옥문을 나선" 박헌영을 보자 경성고보 동창이자 상해 시절 동지이기도 했던 친구 심훈은 '박 군의 얼굴' 이라는 시를 써서 일제를 고발했다.

박 군의 얼굴

박아, 박군아, ××(헌영)아!
사랑하는 네 아내가 너의 잔해를 안았다.
아직도 목숨이 붙어 있는 동지들이 네 손을 잡는다.
이빨을 악물고 하늘을 저주하듯
모로 흘긴 저 눈동자.
오! 나는 너의 표정을 읽을 수 있다.
오냐 박군아.

눈은 눈을 빼어서 갚고

이는 이를 뽑아서 갚아주마!

너와 같이 모든 ×을 잊을 때까지,

우리들의 심장의 고동이 끊길 때까지.

_「조선일보」, 1927년 12월 2일자

일단은 남편을 살리는 것이 중요했다. 주세죽은 남편의 고향 예산으로 내려가 요양을 시킨 후 안변 석왕사, 주을온천, 서울의 정신병원을 오가며 남편의 건강을 챙겼다. 그 무렵 첫 아이를 가졌다. 출산을 앞두고 두 사람은 주세죽의 친정이 있는 함경남도 함흥으로 거처를 옮겼다. 당시 박헌영은 요시찰 대상자여서 국경 근처로 여행할 수 없었으나 정신병자 취급을 받고 있어서 일경이 크게 주목하지 않았다.

목숨을 건 탈출, 두만강을 건너 러시아로

여기서 부부는 목숨을 건 일생일대의 모험을 시도하였다. 일제의 감시가 심한 조선 땅을 벗어나 러시아로 탈출하겠다는 대담한 계획을 세운 것이다. 만삭의 무거운 몸을 이끌고 주세죽은 남편과 함께 어둠을 틈타 함흥 인근에서 배편으로 바다로 나갔다. 함흥을 벗어난 두 사람은 청진에서 기차로 갈아탔는데 그 기차 안에서 딸 비비안나를 낳았다. 생전에 주세죽은 딸에게 "1928년 9월 1일

박헌영, 주세죽 부부의 국외 탈출 소식을 전한 「동아일보」 1928년
11월 15일자 기사.

함경선 기차 안에서 너를 낳았다."고 들려준 바 있다.

1928년 9월 어느 날, 두 사람은 두만강을 건너 극적으로 국경을 넘었다. 일경의 검문에 걸리기라도 하면 끝장이었다. 박헌영이 병보석으로 출감한 상태여서 다시 붙잡혀가면 언제 나올지 기약할 수 없는 몸이었기 때문이다. 두 사람의 극적인 탈출에 영감을 얻은 가수 김용환(가수 김정구의 형)은 두만강변에서 영화를 촬영하다 이 사연을 노래로 만들었다. 온 국민의 가슴을 적신 '두만강 푸른 물에 노 젓는 뱃사공……'으로 시작하는 국민가요 '눈물 젖은 두만강'은 이렇게 탄생했다.

천신만고 끝에 연해주 블라디보스토크에 도착한 두 사람은 다

모스크바 체류 시절 박헌영과 주세죽의 단란한 한때(1928년).

시 시베리아 횡단열차를 타고 모스크바로 향했다. 11월 5일 모스크바에 도착하자 김단야, 고명자 부부가 환영을 나왔다. 김단야는 1926년 6·10만세운동이 실패로 돌아가자 그해 8월 모스크바로 망명해 국제레닌대학교에 다니며 코민테른 극동아시아부 조선 담당 조사관으로 근무하고 있었다. 박헌영 부부가 극비리에 탈출해 모스크바에 정착했다는 소식이 뒤늦게 알려지자 함흥경찰서 간부들은 감시 소홀죄로 중징계를 받았다.

박헌영은 김단야의 추천으로 국제레닌대학교에 입학하였다. 주세죽도 고명자가 다니는 동방근로자대학에 입학했다. 그리고 남편이 지어준 '코레예바(조선 여자)'라는 가명으로 모스크바 등지에서 대외활동을 시작했다. 둘 다 '학생' 신분으로 딸 비비안나를 키우면서 모처럼 단란한 시간을 보냈다. 그러나 그 행복은 짧았다.

1932년 코민테른의 지시로 상해로 떠난 박헌영이 1933년 일본 경찰에 체포된 뒤로 소식이 끊어지고 말았다. 3, 4년이나 아무 연락이 없자 주세죽은 남편이 죽었다고 생각했다. 그런 때 남편의

비운의 혁명가 김단야.

친구이자 동지인 김단야가 틈을 파고들었다. 결국 주세죽은 1937년 김단야와 결혼하였다. 그 무렵 김단야 역시 아내 고명자가 행방불명이 돼 홀아비 신세였다.

주세죽은 얼마 뒤 김단야의 아이를 가졌다. 그러나 두 번째 결혼도 순탄치 않았다. 1937년 스탈린의 대숙청 바람이 불자 11월 5일 김단야가 '화요파' 인물들과 함께 '일본간첩' 혐의로 소련 내무인민위원부 요원들에게 체포되었다. 김단야는 제대로 된 변호도 받지 못한 채 사형선고를 받고 이내 처형되었고 주세죽도 '1급 범죄자'의 아내라는 이유로 소련 경찰에 체포되었다.

조국으로도, 모스크바로도 돌아가지 못한 여인

불행은 여기서 끝나지 않았다. 1938년 5월 22일 개최된 소련 내무인민부 특별협의회는 주세죽에게 카자흐스탄으로 5년 유배형을

말년의 주세죽.

내렸다. 이후 그는 카자흐스탄 크질오르다에서 피혁공장 개찰원, 집단농장원으로 일하며 삶을 이어갔다. 이 기간 중에 주세죽은 김단야와의 사이에 낳은 아들 김비탈리아를 잃었다. 1943년 형기가 만료되었으나 독일군의 소련 침공으로 인해 3년 더 연장되었고 주세죽은 봉제공장 직공으로 근무했다.

1945년 8월, 카자흐스탄에서 일제의 패망 소식을 접한 주세죽은 자유의 몸이 될 것이라는 기대감에 부풀었다. 꿈에도 그리던 조국으로든, 사랑하는 딸이 기다리고 있는 모스크바로든, 어디로든 돌아갈 수 있으리라 믿었다. 주세죽은 스탈린 앞으로 편지를 썼다.

"친애하는 스탈린 동지! 제 남편 박헌영을 통해 저에 대해 확
인하셔서 제가 조선에서 다시 혁명 활동에 종사하게끔 저를
조선으로 파견해주실 것을 간청하는 바입니다. 저는 진정 충실

하게 일할 것이며 제 남편을 이전과 같이 보필할 것입니다. 만일 제가 조선으로 가는 것이 불가능하다면, 제가 모스크바에서 살며 제 딸을 양육할 수 있도록 허락해주실 것을 빕니다."

그러나 이 간절한 청원은 보기 좋게 거절당했다. 이후로도 주세죽은 여러 차례 고국으로 귀환할 수 있게 해달라고 청원했으나 번번이 좌절되었다.

한편 박헌영은 해방 공간에서 주요 인물로 급부상했다. 그러나 미군정이 장악한 남한에서 좌익정당이 자리를 잡기는 쉽지 않았다. 결국 그는 월북했고 김일성에 이어 부수상 겸 외상으로 북한 정권의 2인자가 되었다.

주세죽은 어쩌면 박헌영과의 재결합을 은근히 기대했을 것이다. 그러나 박헌영은 주세죽에 대한 기억은 말끔히 지운 듯했다. 박헌영은 1949년 8월에 비서 윤레나와 결혼식을 올렸는데 이 자리에는 딸 비비안나도 참석했다.

그로부터 4년 뒤인 1953년 3월, 박헌영은 '미제의 스파이', '반당 종파분자' 등의 죄목으로 몰려 북한 당국에 체포되었다. 소식을 전해들은 주세죽은 서둘러 모스크바로 향했다. 일점혈육인 딸이 화를 입지 않을까 우려해서였다. 그런데 가는 도중 폐렴에 걸려 모스크바에 도착했을 때는 이미 의식을 잃은 상태였다. 발레리나였던 딸 비비안나는 순회공연차 집을 비웠고 사위인 빅토르 마르코프가 임종을 지켰다. 주세죽의 나이 52살이었다. 딸의 얼굴을 보지 못한 채 생을 마감한 주세죽의 유해는 모스크바 시내의 어

모스크바 시내 공동묘지에 있던
주세죽의 묘비와 옆에 선 유일한
혈육 비비안나.

느 공동묘지에 묻혔다.

소련 정부는 1989년에야 주세죽의 명예를 회복시켜주었다. 그
의 유해는 러시아 정교회 수도원의 납골당에 안치되었다. 묘비명
에는 '한베라'라고 적혔다. 주세죽이 러시아에서 사용했던 이름이
었다.

1991년, 부모가 태어난 땅을 처음으로 찾은 딸 비비안나는 아버
지 박헌영의 고향집에서 흙을 가져가서 어머니 주세죽의 무덤에
뿌려주었다. 꿈에도 그리던 고국의 흙이었다. 2007년 대한민국 정
부는 주세죽에게 건국훈장 애족장을 추서했다. 남편이자 동지였던
박헌영은 1956년 12월 15일 평양 변방의 야산 기슭에서 처형당했
다고 전한다. 박헌영은 아직도 북한에서 복권되지 않았다.

참고문헌

1. 고신문

대동공보, 대한매일신보, 독립신문, 독립신보, 동아일보, 매일신보, 신한민보, 자유신문 조선일보, 조선중앙일보 등

2. 사이트

공훈전자사료관(국가보훈처)

한국독립운동사 정보시스템(독립기념관)

한국사데이터베이스(국사편찬위원회)

3. 논문·기사

국가보훈처, '독립군의 어머니 남자현', 네이버캐스트.

국가보훈처, '박차정, 민족해방과 여성운동을 통해 자유평등의 세상을 꿈꾸다', 네이버캐스트.

국가보훈처, '조신성 선생의 생애와 독립운동', 『현대사회연구』 통권 310호, 2000.

김은실, '제주 해녀의 주체성과 제주 해녀 항일운동', 『국가와 정치』 제16집, 2010.

김광재, '중국 대륙을 누빈 여성 광복군 오광심', 네이버캐스트.

김성동, ''태중(胎中)에도 감옥살이' 여류혁명가 김명시', 「주간경향」(2008. 10. 30.)

김희곤, '민족의 딸, 아내 그리고 어머니 : 김락(1862~1929)의 삶', 『유학과 현대』 제5집, 2004.

김희곤, '하와이 노동이민 1세대 권도인 · 이희경', 「매일신문」(2010. 1. 12.).

류현희, '수원의 여성 독립운동가 기생 김향화', 「경기일보」(2015. 11. 9.).

박경목, '일제 강점기 서대문형무소 여수감자 현황과 특징', 『한국 근현대사 연구』 2014년 봄호(제68집).

박준성, '일제 강점기, 노동자 강주룡 을밀대 오르다', 「미디어충청」(2009. 7. 9.).

윤선자, '한국 독립운동과 권기옥의 비상', 『한국 근현대사 연구』, 2014 여름호(제
　　69집).

윤정란, '일제 강점기 박자혜의 독립운동과 독립운동가 아내로서의 삶', 『이화사
　　학연구』 제38집, 2009.

이명화, '대한민국 임시정부 여성의원 방순희', 네이버캐스트.

이현희, '안경신의 의열투쟁', 『한국학 연구』 2권, 1992.

4. 단행본

강대민, 『여성 조선의용군 박차정 의사』, 고구려, 2004.

경북여성정책개발원, 『이야기로 만나는 경북여성』, 2011.

김자동, 『임시정부의 품 안에서』, 푸른역사, 2014.

김희곤, 『안동 사람들이 만주에서 펼친 항일투쟁』, 지식산업사, 2011.

대구사학회, 『영남을 알면 한국사가 보인다』, 푸른역사, 2005.

박용옥, 『김마리아 : 나는 대한의 독립과 결혼하였다』, 홍성사, 2003.

박용옥, 『한국여성독립운동』, 독립기념관 한국독립운동사연구소, 1989.

박한성 외, 『강원여성독립운동』, 정언, 2013.

심옥주, 『윤희순 연구』, 정언, 2011.

안재성, 『잃어버린 한국 현대사』, 인문서원, 2015.

이윤옥, 『서간도에 들꽃 피다』 1~5, 얼레빗, 2014.

이현희, 『한국근대여성개화사』, 이우, 1978.

장찬제, 『이화림 회고록』, 박경철 · 이선경 옮김, 차이나하우스, 2015.

정정화, 『장강일기』, 학민사, 1998.

정철훈, 『김알렉산드라 평전』, 필담, 1996.

여성 독립유공자 포상 명단(270명)

성명	한자	생년월일	사망년월일	출신지	운동계열	연도	훈격
강원신	康元信	1887년	1977년	평남 평원	미주방면	1995	애족장
강주룡	姜周龍	1901년	1932.6.13	평북 강계	국내항일	2007	애족장
강혜원	康蕙園	1885.12.21	1982.5.31	평남 평양	미주방면	1995	애국장
고수복	高壽福	(1911년)	1933.7.28	함남 정평	국내항일	2010	애족장
고수선	高守善	1898.8.8	1989.8.11	제주	임시정부	1990	애족장
고순례	高順禮	(1911년)	미상*	전남 광주	학생운동	1995	건국포장
공백순	孔佰順	1919.2.4	1998.10.27	미상	미주방면	1998	건국포장
곽낙원	郭樂園	1859.2.26	1939.4.26	황해 재령	중국방면	1992	애국장
곽진근	郭鑌根	1861년	미상	강원 철원	3·1운동	1995	대통령표창
곽희주	郭喜主	1902.10.2	미상	전남 목포	학생운동	2012	대통령표창
구순화	具順和	1896.7.10	1989.7.31	황해 신천	3·1운동	1990	애족장
권기옥	權基玉	1903.1.11	1988.4.19	평남 평양	중국방면	1977	독립장
권애라	權愛羅	1897.2.2	1973.9.26	경기 개성	3·1운동	1990	애국장
권영복	權永福	미상	미상	미상	미주방면	2015	건국포장
김경희	金慶喜	(1888년)	1919.9.19	평남 평양	국내항일	1995	애국장
김공순	金恭順	1901.8.5	1988.2.4	전북 정읍	3·1운동	1995	대통령표창
김귀남	金貴南	1904.11.17	1990.1.13	전남 목포	학생운동	1995	대통령표창
김귀선	金貴先	1913.12.19	2005.1.26	전남 보성	학생운동	1993	건국포장
김금연	金錦연	1911.8.16	2000.11.4	경남 밀양	학생운동	1995	건국포장
김나열	金羅烈	1907.4.16	2003.11.1	전남 순천	학생운동	2012	대통령표창
김나현	金羅賢	1902.3.23	1989.5.11	전북 정읍	3·1운동	2005	대통령표창
김난줄	金蘭茁	1904.6.1	1983.7.15	경남 부산	3·1운동	2015	대통령표창
김덕세	金德世	1894.12.28	1977.5.5	전북 무주	미주방면	2014	대통령표창

성명	한자	생년월일	사망년월일	출신지	운동계열	연도	훈격
김덕순	金德順	1901.8.8	1984.6.9	전남 광주	3·1운동	2008	대통령표창
김독실	金篤實	1897.9.24	1944.11.3	평남 용강	3·1운동	2007	대통령표창
김두석	金斗石	1915.11.17	2004.1.7	경남 마산	문화운동	1990	애족장
김락	金洛	1863.1.21	1929.2.12	경북 안동	3·1운동	2001	애족장
김마리아	金瑪利亞	1892.6.18	1944.3.13	황해 송화	국내항일	1962	독립장
김마리아	金마利亞	1903.9.5	미상	서울 성동	만주방면	1990	애국장
김반수	金班守	1904.9.19	2001.12.22	경남 동래	3·1운동	1992	대통령표창
김복선	金福善	1901.7.27	미상	경남 김해	3·1운동	2015	대통령표창
김봉식	金鳳植	1915.10.9	1969.4.23	경북 경주	광복군	1990	애족장
김봉애	金奉愛	1901.11.18	미상	경남 마산	3·1운동	2015	대통령표창
김성심	金誠心	1883년	미상	평남 강서	국내항일	2013	애족장
김성일	金聖日	1898.2.17	(1961년)	황해 해주	3·1운동	2010	대통령표창
김숙경	金淑卿	1886.6.20	1930.7.27	함북 경원	만주방면	1995	애족장
김숙영	金淑英	1920.5.22	2005.12.13	평남 평원	광복군	1990	애족장
김순도	金順道	(1891년)	(1928년)	평북 선천	중국방면	1995	애족장
김순애	金淳愛	1889.5.12	1976.5.17	황해 장연	임시정부	1977	독립장
김순이	金順伊	1903.7.18	(1919년)	경남 부산	3·1운동	2014	애국장
김신희	金信熙	1899.4.16	1993.4.23	전북 전주	3·1운동	2010	대통령표창
김씨	金氏	1899년	1919.4.15	경기 수원	3·1운동	1991	애족장
김씨	金氏	1877.10.13	1919.4.15	경기 수원	3·1운동	1991	애족장
김안순	金安淳	1900.3.24	1979.4.4	전남 나주	3·1운동	2011	대통령표창
김알렉산드라	金알렉산드라	1885.2.22	1918.9.16	미상	노령방면	2009	애국장
김애련	金愛蓮	1906.8.30	1996.11.5	경남 부산	3·1운동	1992	대통령표창
김연실	金蓮實	1898.1.16	미상	평북 희천	미주방면	2015	건국포장
김영순	金英順	1892.12.17	1986.3.17	서울	국내항일	1990	애족장

성명	한자	생년월일	사망년월일	출신지	운동계열	연도	훈격
김영실	金英實		1945.10.	평남 평양	광복군	1990	애족장
김옥선	金玉仙	1923.12.7	1996.4.25	평남 평양	광복군	1995	애족장
김옥실	金玉實	1906.11.18	1926.6.2	전남 강진	학생운동	2012	대통령표창
김옥연	金玉連	1907.9.2	2005.9.4	제주	국내항일	2003	건국포장
김온순	金溫順	1898년	1968.1.31	함북 학성	만주방면	1990	애족장
김용복	金用福	1890년	미상	평남 순천	국내항일	2013	애족장
김원경	金元慶	1898.11.13	1981.11.23	서울	임시정부	1963	대통령표창
김윤경	金允經	1911.6.23	1945.10.10	황해 안악	임시정부	1990	애족장
김응수	金應守	1901.1.21	1979.8.18	경남 통영	3·1운동	1995	대통령표창
김인애	金仁愛	1898.3.6	1970.11.20	충남 서천	3·1운동	2009	대통령표창
김자혜	金慈惠	1884.9.22	1961.11.22	미상	미주방면	2014	건국포장
김점순	金点順	1861.4.28	1941.4.30	서울	국내항일	1995	대통령표창
김정숙	金貞淑	1916.1.25	2012.7.4	평남 용강	광복군	1990	애국장
김정옥	金貞玉	1920.5.2	1997.6.7	서울	광복군	1995	애족장
김조이	金祚伊	1904.7.5	미상(피납)*	경남 창원	국내항일	2008	건국포장
김종진	金鍾振	1903.1.13	1962.3.11	평북 강계	3·1운동	2001	애족장
김죽산	金竹山	(1891년)	미상	함남 함흥	만주방면	2013	대통령표창
김치현	金致鉉	1897.10.10	1942.10.9	황해 봉산	국내항일	2002	애족장
김태복	金泰福	1886년	1933.11.24	평남 평양	국내항일	2010	건국포장
김필수	金必壽	1905.4.21	(1972.11.23)	경남 김해	국내항일	2010	애족장
김해중월	金海中月	미상	미상	미상	3·1운동	2015	대통령표창
김향화	金香花	1897.7.16	미상*	서울	3·1운동	2009	대통령표창
김현경	金賢敬	1897.6.20	1986.8.15	충남 공주	3·1운동	1998	건국포장
김홍식	金弘植	(1908.4.19)	미상	강원 회양	국내항일	2014	애족장
김화용	金花容	미상	미상	황해 해주	3·1운동	2015	대통령표창

성명	한자	생년월일	사망년월일	출신지	운동계열	연도	훈격
김효숙	金孝淑	1915.2.11	2003.3.24	평남 용강	광복군	1990	애국장
김효순	金孝順	1902.7.23	미상	황해 재령	3·1운동	2015	대통령표창
나은주	羅恩周	1890.2.17	1978.1.4	황해 금천	3·1운동	1990	애족장
남자현	南慈賢	1873년	1933.8.22	경북 영양	만주방면	1962	대통령장
남협협	南俠俠	1913년	미상*	전남 광주	학생운동	2013	건국포장
노순경	盧順敬	1902.11.10	1979.3.5	황해 송화	3·1운동	1995	대통령표창
노영재	盧英哉	1895.7.10	1991.11.10	평남 용강	중국방면	1990	애국장
노예달	盧禮達	1900.10.12	미상	충남 공주	3·1운동	2014	대통령표창
동풍신	董豊信	1904년	1921년	함북 명천	3·1운동	1991	애국장
문복금	文卜今	1907.12.13	1937.5.22	전남 해남	학생운동	1993	건국포장
문응순	文應淳	1900.12.4	미상	황해 해주	3·1운동	2010	건국포장
문재민	文載敏	1903.7.14	1925.12월	황해 해주	3·1운동	1998	애족장
미네르바…구타펠	M.L.Guthapfel	(1873년)	(1942년)	외국 미국	독립운동지원	2015	건국포장
민영숙	閔泳淑	1920.12.27	1989.3.17	경북 상주	광복군	1990	애국장
민영주	閔泳珠	1923.8.15	생존*	서울	광복군	1990	애국장
민옥금	閔玉錦	1905.9.5	1988.12.25	충남 천안	3·1운동	1990	애족장
박계남	朴繼男	1910.4.25	1980.4.27	전남 광주	학생운동	1993	건국포장
박금녀	朴金女	1926.10.21	1992.7.28	경기 양주	광복군	1990	애족장
박기은	朴基恩	1925.6.15	생존*	평북 선천	광복군	1990	애족장
박복술	朴福述	1903.8.30	미상	전남 목포	학생운동	2012	대통령표창
박순애	朴順愛	1900.2.2	미상	경기 고양	3·1운동	2014	대통령표창
박승일	朴昇一	1896.9.19	미상	평남 강서	국내항일	2013	애족장
박신애	朴信愛	1889.6.21	1979.4.27	황해 봉산	미주방면	1997	애족장
박신원	朴信元	1872년	1946.5.21	평북 선천	만주방면	1997	건국포장
박애순	朴愛順	1896.12.23	1969.6.12	전남 목포	3·1운동	1990	애족장

성명	한자	생년월일	사망년월일	출신지	운동계열	연도	훈격
박연이	朴連伊	1900.10.15	미상	경남 부산	3·1운동	2015	대통령표창
박옥련	朴玉連	1914.12.12	2004.11.21	전남 광주	학생운동	1990	애족장
박우말례	朴又末禮	1902.3.13	1986.12.7	전남 순천	3·1운동	2011	대통령표창
박원경	朴源炅	1901.8.19	1983.8.5	황해 벽성	3·1운동	2008	애족장
박원희	朴元熙	1898.3.10	1928.1.5	서울	국내항일	2000	애족장
박음전	朴陰田	1907.4.14	미상*	전남 목포	학생운동	2012	대통령표창
박자선	朴慈善	1880.10.27	미상	서울 중구	3·1운동	2010	애족장
박자혜	朴慈惠	1915.12.11	1943.10.16	경기 고양	국내항일	1990	애족장
박재복	朴在福	1918.1.28	1998.7.18	충북 영동	국내항일	2006	애족장
박정선	朴貞善	1874년	미상	서울	국내항일	2007	애족장
박정수	朴貞守	1901.3.8	미상	경남 부산	3·1운동	2015	대통령표창
박차정	朴次貞	1910.5.7	1944.5.27	경남 동래	중국방면	1995	독립장
박채희	朴采熙	1913.7.5	1947.12.1	전남 광주	학생운동	2013	건국포장
박치은	朴致恩	1897.2.7	1954.12.4	평남 대동	국내항일	1990	애족장
박현숙	朴賢淑	1896.10.17	1980.12.31	평남 평양	국내항일	1990	애국장
박현숙	朴賢淑	1914.3.28	1981.1.23	전남 광주	학생운동	1990	애족장
방순희	方順熙	1904.1.30	1979.5.4	함남 원산	임시정부	1963	독립장
백신영	白信永	미상	미상	경남 부산	국내항일	1990	애족장
백옥순	白玉順	1913.7.30	2008.5.24	평북 정주	광복군	1990	애족장
부덕량	夫德良	1911.11.5	1939.10.4	제주	국내항일	2005	건국포장
부춘화	夫春花	1908.4.6	1995.2.24	제주	국내항일	2003	건국포장
송금희	宋錦姬	미상	미상	미상	3·1운동	2015	대통령표창
송명진	宋明進	1902.1.28	미상	경남 울산	3·1운동	2015	대통령표창
송미령	宋美齡	1897.3.5	2003.10.23	외국 중국	독립운동지원	1966	대한민국장
송수은	宋受恩	1882.9.12	1922.7.5	평남 강서	국내항일	2013	대통령표창

성명	한자	생년월일	사망년월일	출신지	운동계열	연도	훈격
송영집	宋永潗	1910. 4. 1	1984. 5. 14	평남 용강	광복군	1990	애국장
송정헌	宋靜軒	1919. 1. 28	2010. 3. 22	평남 강서	중국방면	1990	애족장
신경애	申敬愛	1907. 9. 22	1964. 5. 13	경기 개풍	국내항일	2008	건국포장
신관빈	申寬彬	1885. 10. 4	미상	황해 봉산	3·1운동	2011	애족장
신마실라	申麻實羅	1892. 2. 18	1965. 4. 1	경기 가평	미주방면	2015	대통령표창
신분금	申分今	1886. 5. 21	미상*	경북 영덕	3·1운동	2007	대통령표창
신순호	申順浩	1922. 1. 22	2009. 7. 30	충북 청원	광복군	1990	애국장
신의경	辛義敬	1898. 2. 21	1997. 8. 11	서울	국내항일	1990	애족장
신정균	申貞均	1899년	1931. 7월	미상	국내항일	2007	건국포장
신정숙	申貞淑	1910. 5. 12	1997. 7. 8	평북 의주	광복군	1990	애국장
신정완	申貞婉	1916. 4. 8	2001. 4. 29	경기 광주	임시정부	1990	애국장
신특실	申特實	1900. 3. 17	미상	평남 평양	3·1운동	2014	건국포장
심계월	沈桂月	1916. 1. 6	미상*	함남 갑산	국내항일	2010	애족장
심순의	沈順義	1903. 11. 13	미상*	경남 부산	3·1운동	1992	대통령표창
심영식	沈永植	1887. 7. 15	1983. 11. 7	경기 개성	3·1운동	1990	애족장
심영신	沈永信	1882. 7. 20	1975. 2. 16	황해 송화	미주방면	1997	애국장
안경신	安敬信	1888. 7. 22	미상	평남 대동	만주방면	1962	독립장
안애자	安愛慈	(1869년)	미상	평남진남포	국내항일	2006	애족장
안영희	安英姬	1925. 1. 4	1999. 8. 27	평남진남포	광복군	1990	애국장
안정석	安貞錫	1883. 9. 13	미상	경남 부산	국내항일	1990	애족장
양방매	梁芳梅	1890. 8. 18	1986. 11. 15	전남 영암	의병	2005	건국포장
양제현	梁齊賢	(1892년)	(1959. 6. 15)	미상	미주방면	2015	애족장
양진실	梁眞實	1875년	1924. 5월	평남진남포	국내항일	2012	애족장
어윤희	魚允姬	1880. 6. 20	1961. 11. 18	황해 금천	3·1운동	1995	애족장
엄기선	嚴基善	1929. 1. 21	2002. 12. 9	경기 여주	중국방면	1993	건국포장

성명	한자	생년월일	사망년월일	출신지	운동계열	연도	훈격
연미당	延薇堂	1908.7.15	1981.1.1	경기 여주	중국방면	1990	애국장
오광심	吳光心	1910.3.15	1976.4.7	평북 선천	광복군	1977	독립장
오신도	吳信道	1852.4.18	1933.9.5	평남 평양	국내항일	2006	애족장
오정화	吳貞嬅	1899.1.25	1974.11.1	서울	3·1운동	2001	대통령표창
오항선	吳恒善	1910.10.3	2006.8.5	황해 신천	만주방면	1990	애국장
오희영	吳姬英	1924.4.23	1969.2.17	경기 용인	광복군	1990	애족장
오희옥	吳姬玉	1926.5.7	생존*	경기 용인	중국방면	1990	애족장
옥운경	玉雲瓊	1904.6.24	미상	황해 해주	3·1운동	2010	대통령표창
왕경애	王敬愛	(1863년)	미상	황해 신천	3·1운동	2006	대통령표창
유관순	柳寬順	1902.12.16	1920.9.28	충남 천원	3·1운동	1962	독립장
유순희	劉順姬	1926.7.15	생존*	황해 황주	광복군	1995	애족장
유예도	柳禮道	1896.8.15	1989.3.25	충남 천안	3·1운동	1990	애족장
유인경	兪仁卿	1896.10.20	1944.3.2	경북 성주	국내항일	1990	애족장
유점선	劉點善	(1903.11.5)	미상	경기 강화	3·1운동	2014	대통령표창
윤경열	尹敬烈	1918.2.28	1980.2.7	평남 안주	광복군	1982	대통령표창
윤선녀	尹仙女	1911.4.18	1994.12.6	함북 회령	국내항일	1990	애족장
윤악이	尹岳伊	1897.4.17	1962.2.26	경북 영덕	3·1운동	2007	대통령표창
윤천녀	尹天女	1908.5.29	1967.6.25	함북 회령	학생운동	1990	애족장
윤형숙	尹亨淑	1900.9.13	1950.9.28	전남 광주	3·1운동	2004	건국포장
윤희순	尹熙順	(1860년)	1935.8.1	서울	의병	1990	애족장
이겸양	李謙良	1895.10.24	미상	평남 평양	국내항일	2013	애족장
이광춘	李光春	1914.9.8	2010.4.12	전남 나주	학생운동	1996	건국포장
이국영	李國英	1921.1.15	1956.2.2	충북 청주	임시정부	1990	애족장
이금복	李今福	1912.11.8	2010.4.25	경남 고성	국내항일	2008	대통령표창
이남순	李南順	1904.12.30	미상*	전남 목포	학생운동	2012	대통령표창

성명	한자	생년월일	사망년월일	출신지	운동계열	연도	훈격
이도신	李道信	1902.2.21	1925.9.30	평북 강계	3·1운동	2015	대통령표창
이명시	李明施	1902.2.2	1974.7.7	경남 합천	3·1운동	2010	대통령표창
이벽도	李碧桃	1903.10.14	미상	황해 해주	3·1운동	2010	대통령표창
이병희	李丙禧	1918.1.14	2012.8.2	서울	국내항일	1996	애족장
이살눔	李살눔	1886.8.7	1948.8.13	경기 김포	3·1운동	1992	대통령표창
이석담	李石潭	1859년	1930.5.26	황해 평산	국내항일	1991	애족장
이선경	李善卿	1902.5.25	1921.4.21	경기 수원	국내항일	2012	애국장
이성례	李聖禮	(1884년)	(1963년)	미상	미주방면	2015	건국포장
이성완	李誠完	1900.12.10	1996.4.4	함남 정평	국내항일	1990	애족장
이소선	李小先	1900.9.9	미상*	경남 통영	3·1운동	2008	대통령표창
이소제	李少悌	1875.11.7	1919.4.1	충남 천안	3·1운동	1991	애국장
이순승	李順承	1902.11.12	1994.1.15	경기 양주	중국방면	1990	애족장
이신애	李信愛	1891.1.20	1982.9.27	평북 구성	국내항일	1963	독립장
이아수	李娥洙	1898.7.16	1968.9.11	평북 강계	3·1운동	2005	대통령표창
이애라	李愛羅	1894.1.7	1922.9.4	충남 아산	만주방면	1962	독립장
이옥진	李玉珍	1923.10.18	2003.9.4	평북 용천	광복군	1968	대통령표창
이의순	李義槨	(1895년)	1945.5.8	함남 단천	중국방면	1995	애국장
이인순	李仁槨	1893년	1919.11월	함남 단천	만주방면	1995	애족장
이정숙	李貞淑	1896.3.9	1950.7.22	함남 북청	국내항일	1990	애족장
이혜경	李惠卿	1889년	1968.2.10	함남 원산	국내항일	1990	애족장
이혜련	李惠鍊	1884.4.21	1969.4.21	평남 강서	미주방면	2008	애족장
이혜수	李惠受	1891.1.2	1961.2.7	서울	의열투쟁	1990	애국장
이화숙	李華淑	1893년	1978년	서울	임시정부	1995	애족장
이효덕	李孝德	1895.1.24	1978.9.15	평남 용강	3·1운동	1992	대통령표창
이효정	李孝貞	1913.7.18	2010.8.14	서울	국내항일	2006	건국포장

성명	한자	생년월일	사망년월일	출신지	운동계열	연도	훈격
이희경	李희경	1894.1.8	1947.6.26	경북 대구	미주방면	2002	건국포장
임경애	林敬愛	1911.3.10	2004.2.12	황해 곡산	학생운동	2014	대통령표창
임명애	林明愛	1886.3.25	1938.8.28	경기 파주	3·1운동	1990	애족장
임봉선	林鳳善	1897.10.10	1923.2.10	경북 칠곡	3·1운동	1990	애족장
임성실	林成實	(1883년)	미상	미상	미주방면	2015	건국포장
임소녀	林少女	1908.9.24	1971.7.9	전남 나주	광복군	1990	애족장
임수명	任壽命	1894.2.15	1924.11.2	충북 진천	의열투쟁	1990	애국장
임진실	林眞實	1899.8.1	미상	전남 순천	3·1운동	2015	대통령표창
장경례	張慶禮	1913.4.6	1998.2.19	전남 광주	학생운동	1990	애족장
장경숙	張京淑	1904.5.13	1994.12.31	평남 대동	광복군	1990	애족장
장매성	張梅性	1911.6.22	1993.12.14	전남 광주	학생운동	1990	애족장
장선희	張善禧	1893.2.19	1970.8.28	황해 재령	국내항일	1990	애족장
장태화	張泰嬅	(1878년)	미상	함남 고원	만주방면	2013	애족장
전수산	田壽山	1894.5.23	1969.6.19	평남 평양	미주방면	2002	건국포장
전월순	全月順	1923.2.6	2009.5.25	경북 상주	광복군	1990	애족장
전창신	全昌信	1900.1.24	1985.3.15	함남 함흥	3·1운동	1992	대통령표창
전홍순	田興順	1919.12.10	2005.6.19	황해 신천	광복군	1963	대통령표창
정막래	丁莫來	1899.9.8	1976.12.24음	경남 통영	3·1운동	2008	대통령표창
정영	鄭瑛	1922.10.11	2009.5.24	평북 선천	중국방면	1990	애족장
정영순	鄭英淳	1921.9.15	2002.12.9	황해 서흥	광복군	1990	애족장
정정화	鄭靖和	1900.7.9	1991.11.2	충남 연기	중국방면	1990	애족장
정찬성	鄭燦成	1886.4.23	1951.7월	평남 순천	국내항일	1995	애족장
정현숙	鄭賢淑	1900.3.13	1992.8.3	경기 용인	중국방면	1995	애족장
조계림	趙桂林	1925.10.10	1965.7.14	경기 개성	임시정부	1996	애족장
조마리아	趙마리아	미상*	(1927.7.15)	황해 해주	중국방면	2008	애족장

성명	한자	생년월일	사망년월일	출신지	운동계열	연도	훈격
조순옥	趙順玉	1923.9.17	1973.4.23	경기 연천	광복군	1990	애국장
조신성	趙信聖	1873년	1953.5.5	평북 의주	국내항일	1991	애국장
조애실	趙愛實	1920.11.17	1998.1.7	함북 길주	국내항일	1990	애족장
조옥희	曹玉姬	1901.3.15	1971.11.30	전남 곡성	3·1운동	2003	대통령표창
조용제	趙鏞濟	1898.9.14	1948.3.10	경기 연천	중국방면	1990	애족장
조인애	曺仁愛	1883.11.6	1961.8.1	경기 강화	3·1운동	1992	대통령표창
조충성	曺忠誠	1895.5.29	1981.10.25	황해 옹진	3·1운동	2005	대통령표창
조화벽	趙和璧	1895.10.17	1975.9.3	강원 양양	3·1운동	1990	애족장
주세죽	朱世竹	1899.6.7	(1950년)	함남 함흥	국내항일	2007	애족장
주순이	朱順伊	1900.6.17	1975.4.5	경남 통영	국내항일	2009	대통령표창
주유금	朱有今	1903.5.15	1995.9.14	전남 해남	학생운동	2012	대통령표창
지복영	池復榮	1920.4.11	2007.4.18	서울	광복군	1990	애국장
진신애	陳信愛	1900.7.3	1930.2.23	전남 광양	3·1운동	1990	애족장
차경신	車敬信	미상*	미상*	평북 선천	만주방면	1993	애국장
차미리사	車美理士	1880.8.21	1955.6.1	서울	국내항일	2002	애족장
채애요라	蔡愛堯羅	1897.11.9	1978.12.17	평남 평양	3·1운동	2008	대통령표창
최갑순	崔甲順	1898.5.11	1990.11.22	함남 정평	국내항일	1990	애족장
최금봉	崔錦鳳	1896.5.6	1983.11.7	평남진남포	국내항일	1990	애국장
최복순	崔福順	1911.1.13	미상	경남 부산	학생운동	2014	대통령표창
최봉선	崔鳳善	1904.8.10	1996.3.8	경남 마산	국내항일	1992	애족장
최서경	崔曙卿	1902.3.20	1955.7.16	평북 운산	임시정부	1995	애족장
최선화	崔善嬅	1911.6.20	2003.4.19	경기 인천	임시정부	1991	애국장
최수향	崔秀香	1903.1.27	1984.7.25	전남 광주	3·1운동	1990	애족장
최순덕	崔順德	(1897년)	1926.8.25	평남 평양	국내항일	1995	애족장
최예근	崔禮根	1924.8.17	2011.10.5	충남 서산	만주방면	1990	애족장

성명	한자	생년월일	사망년월일	출신지	운동계열	연도	훈격
최요한나	崔堯漢羅	1900.8.3	1950.8.6	전북 전주	3·1운동	1999	대통령표창
최용신	崔容信	1909.8월	1935.1.23	함남 덕원	국내항일	1995	애족장
최은희	崔恩喜	1904.11.21	1984.8.17	황해 연백	3·1운동	1992	애족장
최이옥	崔伊玉	1926.6.16	1990.7.12	평북 용천	광복군	1990	애족장
최정숙	崔貞淑	1902.2.10	1977.2.22	제주	3·1운동	1993	대통령표창
최정철	崔貞徹	1853.6.26	1919.4.1	충남 천안	3·1운동	1995	애국장
최형록	崔亨祿	1895.2.20	1968.2.18	평남 평양	임시정부	1996	애족장
최혜순	崔惠淳	1900.9.2	1976.1.16	전남 광주	임시정부	2010	애족장
탁명숙	卓明淑	1900.12.4	1972.10.24	함남 함흥	3·1운동	2013	건국포장
하란사	河蘭史	1875년	1919.4.10	평남 안주	국내항일	1995	애족장
하영자	河永子	1903.6.27	1993.10.1	전남 장성	3·1운동	1996	대통령표창
한성선	韓成善	(1864.4.29)	미상	황해 해주	미주방면	2015	애족장
한영신	韓永信	1887.7.22	1969.2.20	평북 신의주	국내항일	1995	애족장
한영애	韓永愛	1920.9.9	2002.2.1	평남 평양	광복군	1990	애족장
한이순	韓二順	1906.11.14	1980.1.31	충남 천안	3·1운동	1990	애족장
함연춘	咸鍊春	1901.4.8	1974.5.25	전북 전주	3·1운동	2010	대통령표창
함용환	咸用煥	1895.3.10	미상	강원 회양	국내항일	2014	애족장
홍씨	韓鳳周妻	미상	1919.3.3	미상	3·1운동	2002	애국장
홍애시덕	洪愛施德	1892.3.20	1975.10.8	경기 수원	국내항일	1990	애족장
황금순	黃金順	1902.10.15	(1964.8.9)	충남 천안	3·1운동	2015	애족장
황보옥	黃寶玉	(1872년)	미상	미상	국내항일	2012	대통령표창
황애시덕	黃愛施德	1892.4.19	1971.8.24	평남 평양	국내항일	1990	애국장

* 자료제공 : 국가보훈처(2015년 12월말 현재)

조선의 딸, 총을 들다

초판 1쇄 펴낸 날 2016. 3. 3.
초판 6쇄 펴낸 날 2022. 2. 7.

지은이   정운현
발행인   양진호
책임편집   위정훈
디자인   김민정
발행처   도서출판 인문서원

등 록   2013년 5월 21일(제2014-000039호)
주 소   (07207) 서울시 영등포구 양평로21가길 19 선유도 우림라이온스밸리
         B동 512호(양평동5가)
전 화   (02) 338-5951~2
팩 스   (02) 338-5953
이메일   inmunbook@hanmail.net

ISBN   979-11-86542-20-0 (03910)